大学生
创新创业实践
经济管理类

主　编 ◆ 许忠荣
副主编 ◆ 项华录　杨秋明　李　瑞

中国水利水电出版社
www.waterpub.com.cn
·北京·

内 容 提 要

本书结合经济管理类专业人才培养方案提出的双创能力要求，立足经济管理类专业，介绍创新创业的基础理论，包括创新创业理念、创业企业商业模式开发、创业企业人力资源管理、创业企业营销管理、创业企业融资管理等，以及各类学科竞赛的参赛要求、备战策略等内容。

本书共分为 2 部分：第 1 部分为理论篇，简要介绍创新创业的价值、创业管理；第 2 部分为实践篇，内容包括大学生创新创业训练计划项目、"挑战杯"竞赛、中国国际大学生创新大赛、全国大学生物流设计大赛、"学创杯"全国大学生创业综合模拟大赛、全国大学生人力资源管理专业主要竞赛、全国高校商业精英挑战赛创新创业竞赛、全国大学生电子商务"创新、创意及创业"挑战赛、全国大学生财务决策大赛。

本书内容丰富、结构清晰，理论与实践结合，可以作为高等院校经济管理类专业创新创业教材，也可以作为创新创业者的参考书。

图书在版编目（CIP）数据

大学生创新创业实践：经济管理类 / 许忠荣主编.
北京：中国水利水电出版社，2024.7. -- ISBN 978-7
-5226-2573-7

Ⅰ．G647.38

中国国家版本馆 CIP 数据核字第 2024K1U439 号

策划编辑：崔新勃　　责任编辑：鞠向超　　加工编辑：刘 瑜　　封面设计：苏 敏

书　　名	大学生创新创业实践——经济管理类 DAXUESHENG CHUANGXIN CHUANGYE SHIJIAN——JINGJI GUANLILEI
作　　者	主　编　许忠荣 副主编　项华录　杨秋明　李　瑞
出版发行	中国水利水电出版社 （北京市海淀区玉渊潭南路 1 号 D 座 100038） 网址：www.waterpub.com.cn E-mail：mchannel@263.net（答疑） 　　　　sales@mwr.gov.cn 电话：（010）68545888（营销中心）、82562819（组稿）
经　　售	北京科水图书销售有限公司 电话：（010）68545874、63202643 全国各地新华书店和相关出版物销售网点
排　　版	北京万水电子信息有限公司
印　　刷	三河市德贤弘印务有限公司
规　　格	184mm×260mm　16 开本　10 印张　207 千字
版　　次	2024 年 7 月第 1 版　2024 年 7 月第 1 次印刷
印　　数	0001—2000 册
定　　价	32.00 元

凡购买我社图书，如有缺页、倒页、脱页的，本社营销中心负责调换

版权所有·侵权必究

前　言

在当今的信息化和全球化时代，创新创业已成为推动经济发展和社会进步的重要力量。在这个时代背景下，大学生创新创业教育和实践显得尤为重要，其中学科竞赛是提高大学生创新创业实践能力的重要途径之一。编写一本针对经济管理类大学生创新创业实践的教材显得尤为重要。

本书的目标和宗旨。本书旨在为经济管理类大学生提供学科竞赛方面的系统知识和实践技能，帮助他们更好地参与和驾驭学科竞赛，提高创新创业实践能力。本书注重实践操作和案例分析，旨在帮助学生在实践中学习和掌握创新创业的精髓。

本书的内容和特点。本书主要包括创新创业的基础理论、主要的创新创业实践项目及经济管理类学科竞赛的基本情况和特点、学科竞赛的参赛流程和技巧等几个方面的内容。

本书的特点和优势。本书紧扣经济管理类大学生的专业特点，结合学科竞赛，注重实践操作，避免空洞的理论说教；本书注重培养学生的创新思维和创业精神，引导他们发现和解决问题，提高他们的实践能力和综合素质；本书配套丰富的实践项目和案例分析，帮助学生更好地理解和掌握学科竞赛的实践技巧。

本书的使用方法和注意事项。首先，建议学生在参与创新创业实践项目和学科竞赛前详细阅读本书的内容，了解学科竞赛的基本概念和特点，以便更好地参与项目和竞赛；其次，学生在参与学科竞赛时，要注重实践操作和案例分析，提高创新创业实践能力；最后，学生要根据自己的实际情况和需求，灵活运用本书的内容，确保能够通过本书的学习和实践，提高双创能力和综合素质。

本书旨在帮助经济管理类大学生提高创新创业能力，为他们未来的发展打下坚实的基础。希望广大师生能够充分认识创新创业教育的重要性和必要性，共同努力，为推动我国创新创业事业的发展做出贡献。

本书由许忠荣担任主编，项华录、杨秋明、李瑞担任副主编。全书共分为11章，编写人员分工如下：许忠荣编写第1～4章，杨秋明编写第5章，涂在友编写第6章，项华录编写第7、11章，李瑞编写第8章，薛鹏程编写第9章，杨程编写第10章。

本书参阅、使用和引证了国内外的大量文献资料，限于篇幅，恕不一一列出，特此致谢。受编者水平、时间、资料所限，书中不足之处在所难免，敬请同行专家及读者指正。

编　者
2023年6月

目 录

前言

第1部分 理 论 篇

第1章 创新创业的价值 2
1.1 创新创业理念 4
1.1.1 创新的概念 4
1.1.2 创新的类型和方式 5
1.1.3 创业的概念 7
1.1.4 创业理念 7
1.1.5 创业理念的重要性 8
1.2 创新创业的意义 9
1.2.1 创新的重要性 9
1.2.2 创业的重要性 11
1.2.3 创新创业的未来 12

第2章 创业管理 15
2.1 创业企业商业模式开发 16
2.1.1 商业模式的定义 16
2.1.2 商业模式的选择 17
2.1.3 商业模式的评价 18
2.1.4 商业模式画布 19
2.1.5 撰写创业计划书 22
2.2 创业企业人力资源管理 25
2.2.1 创业企业的组织设计 26
2.2.2 创业团队管理 27
2.3 创业企业营销管理 31
2.3.1 创业企业的目标市场战略 31
2.3.2 创业企业营销策略 34
2.4 创业企业融资管理 38
2.4.1 创业融资概述 38
2.4.2 创业融资渠道 40
2.4.3 创业融资策略 43

第2部分 实 践 篇

第3章 大学生创新创业训练计划项目 48
3.1 认识大学生创新创业训练计划项目 ... 49
3.1.1 认识项目的缘起和目的 49
3.1.2 认识项目的级别和分类 50
3.1.3 认识项目经费、组织和管理 52
3.2 了解大学生创新创业训练计划项目申报要求 54
3.2.1 对项目负责人（第一申请人）的要求 55
3.2.2 对项目申报的要求 55
3.2.3 对项目的要求 55
3.3 申报大学生创新创业训练计划项目 ... 56
3.3.1 做好准备工作 56
3.3.2 项目申报书写作及案例分析 58

第4章 "挑战杯"竞赛 63
4.1 备战"挑战杯"中国大学生创业计划竞赛 64
4.1.1 了解竞赛目的与流程 64
4.1.2 了解竞赛对象与奖项 65
4.1.3 了解竞赛要求 65
4.1.4 掌握技巧、备战竞赛 67
4.1.5 创业计划竞赛评审标准 68
4.2 备战"挑战杯"全国大学生课外学术科技作品竞赛 70

  4.2.1 了解竞赛作用与价值 70
  4.2.2 了解竞赛对象与奖项 71
  4.2.3 了解竞赛要求 71
  4.2.4 掌握技巧、备战竞赛 72

第5章 中国国际大学生创新大赛 76
5.1 认识中国国际大学生创新大赛 77
  5.1.1 认识竞赛与报名流程 77
  5.1.2 了解竞赛项目类型、参赛对象 78
5.2 了解中国国际大学生创新大赛要求 80
  5.2.1 参赛项目要求 80
  5.2.2 "青年红色筑梦之旅"赛道要求 81
5.3 备战中国国际大学生创新大赛 81
  5.3.1 如何组队 81
  5.3.2 如何选题 82
  5.3.3 如何制作创业计划书 83
  5.3.4 如何撰写路演稿 84
  5.3.5 加分技巧 85
  5.3.6 如何准备 86

第6章 全国大学生物流设计大赛 87
6.1 认识全国大学生物流设计大赛 88
  6.1.1 大赛简介 88
  6.1.2 大赛目的 88
  6.1.3 比赛内容 88
6.2 了解全国大学生物流设计大赛要求 89
  6.2.1 参赛对象及形式 89
  6.2.2 大赛报名 89
  6.2.3 大赛赛段划分及要求 89
  6.2.4 大赛流程 90
  6.2.5 评审及奖项设立 91
6.3 备战全国大学生物流设计大赛 91
  6.3.1 备战技巧 91
  6.3.2 报名表格及评分标准 92

第7章 "学创杯"全国大学生创业综合模拟大赛 96
7.1 认识"学创杯"全国大学生综合模拟大赛 97
  7.1.1 认识参与"学创杯"全国大学生创业综合模拟大赛的目的 97
  7.1.2 认识"学创杯"全国大学生创业综合模拟大赛规则 97
  7.1.3 认识"学创杯"全国大学生创业综合模拟大赛评分 99
7.2 备战"学创杯"全国大学生创业综合模拟大赛的技巧 101
7.3 备战"学创杯"全国大学生创业营销大赛的技巧 105

第8章 全国大学生人力资源管理专业主要竞赛 109
8.1 认识全国大学生人力资源管理综合能力竞赛 110
  8.1.1 全国大学生人力资源管理综合能力竞赛简介 110
  8.1.2 全国大学生人力资源管理综合能力竞赛内容 112
  8.1.3 HR大数据分析和HR实务设计环节竞赛规则 112
8.2 认识中国大学生人力资源创新实践大赛 116
  8.2.1 中国大学生人力资源创新实践大赛简介 116
  8.2.2 中国大学生人力资源创新实践大赛赛道介绍 116
  8.2.3 第九届中国大学生人力资源创新实践大赛实务设计赛道和数字HR实操赛道竞赛内容 118

第9章 全国高校商业精英挑战赛创新创业竞赛 120
9.1 认识全国高校商业精英挑战赛创新创业竞赛 121
9.2 了解全国高校商业精英挑战赛创新创业竞赛要求 124
  9.2.1 参赛对象 124
  9.2.2 竞赛阶段 124
  9.2.3 软件模拟竞赛平台 125

- 9.2.4 创业项目要求 125
- 9.2.5 竞赛要求 126
- 9.3 备战全国高校商业精英挑战赛创新创业竞赛 126
  - 9.3.1 参赛策略 126
  - 9.3.2 备战技巧 127

第 10 章 全国大学生电子商务"创新、创意及创业"挑战赛 129

- 10.1 认识"三创赛" 130
  - 10.1.1 "三创赛"的发展 130
  - 10.1.2 "三创赛"的目的和价值 130
- 10.2 了解"三创赛"要求 131
  - 10.2.1 参赛对象 131
  - 10.2.2 组队方式 131
  - 10.2.3 奖项设置 132
  - 10.2.4 竞赛形式、分组和时间 132
- 10.2.5 竞赛管理细则 133
- 10.3 备战"三创赛" 136
  - 10.3.1 备赛指南 136
  - 10.3.2 备战技巧 136

第 11 章 全国大学生财务决策大赛 138

- 11.1 认识全国大学生财务决策大赛 139
  - 11.1.1 参与全国大学生财务决策大赛的目的 139
  - 11.1.2 全国大学生财务决策大赛规则 ... 139
  - 11.1.3 全国大学生财务决策竞赛评分细则 141
- 11.2 备战全国大学生财务决策大赛的技巧 143

参考文献 151

第 1 部分
理论篇

第 1 章
创新创业的价值

本章导读

本章主要介绍创新创业的基本概念和内涵、创新的类型和方式、创业理念、创新创业的重要性、创新创业的未来等内容。读者应在理解创新创业概念的基础上重点掌握创新创业的重要性和未来等内容。

本章要点

- 创新创业的基本概念
- 创新创业的内涵
- 创新的意义
- 创新能力的培养
- 创业成功的关键

> **案例导入**

喜羊羊与灰太狼：成功源于创新

《喜羊羊与灰太狼》是中国较为成功的动画片之一，其成功的秘诀就在于创新。

一是雕琢内容，吸引观众。动漫作品讲求形式的唯美无疑是很重要的，它以视觉冲击力首先给观众带来震撼，但是如果内容贫乏则会使这种视觉冲击力难以长久。《喜羊羊与灰太狼》能创造较高收视率，就在于其以内容打动观众。在中国传统文化中，狼是邪恶的化身，而羊是善良的化身，在儿童的世界里，简单纯粹的两极世界中善与恶的争斗，就是羊和狼的战争，这符合儿童的欣赏特点。每集羊与狼斗争的故事情节貌似简单，内容却丰富多彩，或穿越时空，或寻找宝藏，或遭遇自然灾害，或进行武器创造。有限时间里，羊与狼斗智斗勇，引人入胜，扣人心弦。此外，在每一集的独立故事中，简单的搞笑之后还时有令人回味的哲理，这使得剧本内容富有内涵，也吸引了大量成年观众。

二是精心设计角色形象，幽默包装。出色的动画片皆有独特的角色造型与鲜明的角色性格，《喜羊羊与灰太狼》的角色造型也很有特点，制作者集结了100多个设计师，用了3个多月时间，创造出了广为人知的懒羊羊、美羊羊、慢羊羊、灰太狼和红太狼等动画形象。这些造型设计搞笑夸张又富有童趣，简单而又符合各自的身份和性格。每个形象个性鲜明突出。简单的人物和关系，矛盾对立的角色，"好人"好得不完美，"坏人"坏得也可爱，勾勒出的一个个生动的故事，给人留下深刻印象。幽默轻松是该剧的一大特点，这满足了欣赏该剧观众的心理和情感需要。动漫连续剧的主要观众是儿童群体，他们对剧情关注点在于能否释放压力，在于"是否好玩"。《喜羊羊与灰太狼》在"好玩"上很用心思，情节上除了勾勒羊与狼的趣味横生的斗争外，还创造了灰太狼与红太狼之间富有喜剧色彩的夫妻矛盾，轻松搞笑，吸引了大批年轻人成为"羊迷"和"狼迷"，以至于网上流传这样一句话："做人要做喜羊羊，嫁人要嫁灰太狼"的说法。

三是长期打造的品牌效应。《喜羊羊与灰太狼》自2005年开播以来，已陆续在全国近50家电视台热播近500集，长盛不衰。在北京、上海、广州等城市，《喜羊羊与灰太狼》最高收视率达17.3%。同名漫画书推出后，也立刻成为畅销书，销量超过百万册。这些品牌化、系列化、持续化、高产量、低成本的设计制作，为《喜羊羊与灰太狼》品牌的滚动传播打下了深厚的基础。

四是颇具创意的营销策略。作为《喜羊羊与灰太狼》投资方的上海文化广播影视集团，在营销策略上采用分化产业的运作模式，有利于产品一经公布就开始推广。经授权的一大批一线厂商，对"羊狼"的附加值进行挖掘，打造出一个以"羊狼"为中心的蜘蛛网产业网络，衍生产品遍及各个角落，相继出现了喜洋洋服饰、喜洋洋文具、喜洋洋日用品、喜洋洋 QQ 头像、喜洋洋纪念邮票册等产品。这些衍生产品的出现和热销，提高了"羊狼"的知名度，也创造了高额的社会财富。

总之，《喜羊羊与灰太狼》立足于雕琢内容，以简单生动的角色形象，兼具娱乐性、哲理性的故事，机智幽默的情节与台词，吸引了大批观众，传达着一种乐观、自信、勇敢的精神，加上投资方重视营销，积极开辟市场，使其在激烈的竞争中独占鳌头，成为中国动漫产业的一匹黑马。

1.1　创新创业理念

1.1.1　创新的概念

1. 创新的含义

顾名思义，创新可以理解为"创立或创造新的"，简称"创新"。《广雅》中有"创，始也；新，与旧相对"。创新一词出现很早，如《魏书》有"革弊创新者，先皇之志也"，《周书》中有"创新改旧，咸得其要害云"。在英文中，创新 Innovation 这个词起源于拉丁语，其原意有三层含义：一是更新，就是对原有的东西进行替换；二是创造新的东西，就是创造出原来没有的东西；三是改变，就是对原有的东西进行发展和改造。创新是人类特有的认识能力和实践能力，是人类主观能动性的高级表现形式。从不同角度看，"创新"具有不同的理解。

（1）哲学上说创新。创新从哲学上说是人的实践行为，是人类对于发现的再创造，是对于物质世界的矛盾再创造。创新在哲学中被理解为事物自身蕴含着自我否定的因素，当自我否定向着积极方面发展的时候，创新便产生了。

创新就是要站在上升的、前进的、发展的立场上，去促进旧事物的灭亡，新事物的成长和壮大，实现事物的发展。创新是一种辩证的否定，是一种扬弃的过程，是一种新事物代替旧事物的向上的过程，其本质就是发展。因此，树立创新意识就是唯物辩证法的要求。

（2）社会学上看创新。从社会学上看，创新是指人们为了发展的需要，运用已知的信息，不断突破常规，发现或产生某种新颖、独特的有社会价值或个人价值的新事物、新思想的活动。

创新的含义是指在物质文明、精神文明的一切领域、一切层面上，能先于他人，见人之所未见，思人之所未思，行人之所未行，从而获得人类文明的新发展、新突破。

（3）经济学上谈创新。从经济学看，创新理论最早由美籍经济学家约瑟夫·熊彼特在

1912年出版的《经济发展理论》中提出：创新是指把一种新的生产要素和生产条件的"新结合"引入生产体系。创新包括五种情况：一是开发新产品或改造原来的产品；二是运用新的生产方法；三是发现或开辟一个新的市场；四是发现新的原料或半成品；五是创建新的产业结构。

创新是指人类为了满足自身需要，不断拓展对客观世界及其自身的认知与行为的过程和结果的活动。具体讲，创新是指人为了一定的目的，遵循事物发展的规律，对事物的整体或其中的某些部分进行变革，从而使其得以更新与发展的活动。

2. 创新的内涵

（1）创新的要义是变革。亚马逊创始人杰夫·贝佐斯曾经说过："创新就是让事情变得更简单，更容易让大家接受你的产品、服务方式等，包括你的服务理念。因而我说，创新就是让世界更简单的一种神奇力量。"

创新意味着改变，即推陈出新、气象万新、焕然一新；创新意味着付出，因为惯性作用没有外力是不可能有改变的，这个外力就是创新者的付出。

（2）创新的本质是突破。创新不是重复的过程，创新尤其是包括许多基本概念的规则突破。有些可传递的知识和过程可以重复使用。但是，就大部分情况而言，创新包括许多规则的突破。创新要突破旧的思维定势、旧的常规戒律。

创新是人们在认识世界和改造世界的过程中对原有理论、观点的突破和对过去实践的超越。创新者必须在探索的道路上，发明解决问题的方法。许多解决各种新问题的方法，常常令传统智慧止步。跳出旧思维的束缚，用先进的创新思维"武装自己"，才能够让自己拥有比竞争对手更强大的竞争力。

（3）创新的核心是新颖。创新是以新思维、新发明和新描述为特征的一种概念化的过程。创新说出来简单，可一般人想不到。能想到别人没想到的，做法与别人不一样，这就是新颖性的体现。

所谓的"新颖"，就是指前所未有的，或称"首创"。它或者是产品的结构、性能和外部特征的变革，或者是造型设计、内容的表现形式和手段的创造，或者是内容的丰富和完善。新颖性可能以各种形式出现，从新技术到新过程，到独特的市场导入，甚至到成本等。

1.1.2 创新的类型和方式

1. 依据创新所涉及的范围可分为延伸创新和拓展创新

（1）延伸创新。延伸创新是最常见的创新形式，就是在原来的基础上加以改进、提高，使其在材质、功能、用途、外观、形状等多方面更实用化和多样化。如产品创新，创新的动力源自于方便生活。每一个改进都是一种创新，如果是为方便自己使用就是一个生活日用品的改进或改造；如果是为服务社会而主动地、有目的地设计和研发，那就是一个有市场需要和竞争力的创新产品。其实，创新开始时或许非常细小，只需很小地改变，就能使现有的产品做得更好，实现使产品在一个全新的目标群体变得更有吸引力，使其更能取悦消费者。

（2）拓展创新。拓展创新是对产品的产业链的展开和辐射，针对某些产品的上下游产品的开发，使产品形成一个可持续的发展过程，同时不断满足人们对于其相关产品的心理和精神需求。如文化产品的拓展创新发展。

2. 依据企业发展战略和产品竞争优势创新可分为主动创新和被动创新

（1）主动创新。主动创新是一个企业能自觉地、前瞻性地开发适合未来市场的新产品，真正把产品做到"人无我有，人有我优"的境地。在当今激烈的市场竞争中，主动创新是企业生存、长久发展、做大做强的基础。目前，很多企业都投入大量人力、物力、财力组建研发机构或团队，抢占市场先机，掌握市场的主动权、话语权，从而掌握产品的定价权。对于任何企业来说，创新来源不仅仅是企业的研发中心，创新的动力也同样来源于消费者的信息反馈，来源于所有员工自身的经验、知识和智慧，要让消费者和所有员工参与到企业产品的创新中来，哪怕仅仅是一个新想法，都有可能成为发现盈利的机会。

（2）被动创新。被动创新是企业面对产品日益萎缩的市场份额和设备、管理方式等日趋老化、落后，到企业难以维系生存的时候，迫不得已必须淘汰落后的产能、老化的设备、陈旧的工艺流程和管理方式等内容，更新设备，引进先进工艺和生产线、研发新产品，提高生产率、产品质量及服务，从而为企业生存发展开拓出一条新路。被动创新首先解决的是思想观念、思维方式的与时俱进。与只有经历剧烈的阵痛，才会有新生命的诞生一样，只有经过创新，一个全新的拥有无限希望的新企业，才会在不久的将来茁壮成长、发展壮大，屹立在激烈的市场之林。

创业者要善于抓住市场潜在的盈利机会，或技术的潜在商业价值，以获取利润为目的，对生产要素和生产条件进行新的组合，建立效能更强、效率更高的新生产经营体系，从而推出新的产品、新的生产（工艺）方法、开辟新的市场，获得新的原材料或半成品供给来源，它包括科技、组织、商业和金融等一系列活动的综合过程。

党的十八大以来，我国大力实施创新驱动发展战略，创新型国家建设取得明显成效，创新能力大大增强，国际竞争力显著增强。2022年，我国创新指数居全球第11位，连续10年稳步提升，位居36个中高收入经济体之首。中国的创新与发展呈现出良好的正向关系，创新投入转化为更多更高质量的创新产出。

1.1.3 创业的概念

创业是指某个人发现某种信息、资源、机会或掌握某种技术，利用或借用相应的平台或载体，将其发现的信息、资源、机会或掌握的技术，以一定的方式转化、创造为更多的财富、价值，并实现某种追求或目标的过程。创业是一种劳动方式，是一种无中生有的财富现象，是一种需要创业者组织、运用服务、技术、器物作业的思考、推理、判断的行为。

近年来，我国新登记市场主体快速增长，2022年日均新设企业超过2.38万户、市场主体总量超过1.6亿户，大众创业热情不断迸发，创业群体更加多元，创业意愿和创业潜力高于国际平均水平；创业投资大幅增长，新三板挂牌数持续增长，IPO活跃度不断攀升；相关体制机制改革深入推进，创业生态不断完善。创业对推动经济结构升级、扩大就业和改善民生、实现社会公平和社会纵向流动发挥了重要作用，为促进经济增长提供了有力支撑。

在此带动下，新技术、新产品、新业态、新模式不断涌现，极大地促进了经济发展新动能的成长，催生了多种灵活的就业形态，在经济增速放缓的情况下，我国就业实现了不降反增的态势。据统计，仅仅是"平台+就业者"的电商生态就提供了1500万个直接就业机会，此外在关联产业还产生了超过3000万个间接就业机会。创业的带动效应可见一斑。

当前创业的发展水平与推动经济高质量发展的要求还有一定距离，主要表现为"三多三少"：一是在商业模式方面体现较多，在技术方面尤其是在颠覆性、原始性技术方面体现较少；二是在"互联网+"领域的体现较多，在生物技术、先进制造等领域的体现较少，特别是紧密结合当地资源和实体经济开展的创业较少；三是创业集聚区较多，但有特色、高水平的较少，而且地区之间的差距也比较大。

1.1.4 创业理念

企业理念是企业在持续经营和长期发展过程中，继承企业优良传统，适应时代要求，由企业家积极倡导，全体员工自觉实践，从而形成的代表企业信念、激发企业活力、推动企业生产经营的团体精神和行为规范。企业理念表现在群体的理想、信念、价值观、道德标准、心理状态等方面，它一旦形成，不易发生变化，具有一定的延续性和结构稳定性。

那何为创业理念呢？创业理念是创业者在创业实践活动中表现出来的思想意识、价值取向、道德规范、创业精神、创新能力、行为方式等要素的结合，具有时代性、科学性和实践性。新时代，高校可结合学生社团等各类学生组织，培养学生自我创业意识、增强学生自我创业能力、提升学生自我创业素养，让学生在创业文化的熏陶下把创业变成自我认同、自发运用的自觉行为。变以教师为主导的"说教式创业文化"为以学生为主体的"践行式创业文化"，培育和谐共生的创业文化理念。

有了创业理念，有了一定的创业意识，形成良好的创业氛围，这样可以使大学生创新创业更有积极性，可以更加热情地去创造自己的价值。

1.1.5 创业理念的重要性

通过学校培养和社会培养，可以丰富创业者的人生观、价值观，开阔创业者的眼界。那创业理念的培养对以后的创业有哪些重要的作用呢？

1. 对所处的环境有充分的认知

有些创业者将创业报告拟订好，也完成了融资，开始创业了。但是他们对环境没有充分的认识，导致最终的失败。《孙子兵法》有"知己知彼，百战不殆"。如果连自己所处的环境都没有充分的认知，到最后的结果就只能是失败。

2. 优化团队组合

可能有人要问了，创业理念的培养中没有涉及团队啊，怎么能优化团队呢？其实在素质培养中就包含了关于团队的意识的培养与强化。在知识培养中，创业者不可能具备所有的技能知识，那么可以根据自己的缺陷和不足，来寻找适合的创业伙伴，达到优势互补，弥补劣势的目的。团队的重要性在这里不多细说。

3. 锻炼对问题的应对意识

通过进行知识性培养和社会性培养，可以让创业者了解成功的、不成功的案例，通过对案例的分析，可以提升应对问题、解决问题、分析问题的能力，学会发现隐藏的问题，及时解决，从而避免企业在刚开始阶段出现不必要的危机。如同蝴蝶效应，小小的力量，到最后也会产生巨大的影响。例如对于刚开始创业的创业者来说，资金是最为缺乏的，需要提高资金的使用效率，把每一分钱都花在刀刃上。

4. 诚信从人开始培养

诚信的重要性对每个企业都是至关重要的，也是企业立足社会的基础。每个企业的创业者、管理者都希望自己的企业是个诚信的企业，那诚信企业的前提必须是具有一个诚信的团队，诚信的团队创造了诚信的企业，以实现企业的社会责任。通过创业理念的培养，可以把这种诚信的精神深深地烙在创业者的骨子里，让创业者时刻保持诚信，同时也可以组建一支诚信的团队，从而实现企业的真正成功。

5. 增强企业的社会责任意识

企业社会责任是指企业在创造利润、对股东承担法律责任的同时，还要承担对员工、消费者、社区和环境的责任。企业的社会责任要求企业必须超越把利润作为唯一目标的理念，强调要在生产过程中对人的价值的关注，强调对消费者、对环境、对社会的贡献。增强社会责任意识，可以使创业者在企业发展过程中，心系社会，不忘企业的社会责任，从而做一个对社会、对环境有所贡献的企业，增加企业在社会中的影响力。

1.2 创新创业的意义

1.2.1 创新的重要性

1. 创新的意义

在现代市场经济条件下，面对日趋激烈的竞争，一个国家如何提升自己的综合国力？一个民族如何才能屹立于世界先进民族之林？一个企业如何才能立于不败之地？一个人如何才能取得事业的成功？最重要的一点就是要有创新精神、创新能力，要不断创新。创新要求人们以科学的理论为指导，面对实际，敢于提出新问题、解决新问题。

无论是在企业发展上，还是在社会生活中，创新始终占主导地位，对于企业来说就是使产品升级换代、推陈出新、降低成本、提高效率、抢占市场。创新使企业得以生存和发展，企业生存发展、做大做强的直接受益者是本企业的员工，间接受益者是社会大众。创新的主体是人，充分发挥人的主观能动性和创造力是创新的动力和源泉。牢牢把握以人为本这一核心，组织才能走向健康发展、和谐发展的康庄大道。

没有创新就缺乏竞争力，没有创新也就没有价值得以提升。在企业发展中，技术创新尤其重要。技术创新为企业创新活动的核心内容，它为组织的实施与过程管理提供必要的支撑与保障，越来越多的公司认识到了其重要性。跨国企业每年的研发投入都很高，主要用于支持自己的强大研发机构与团队的创新实践，使企业保持旺盛的创新活力，在国际市场竞争中成为赢家。近些年来，我国的华为、比亚迪等公司也加大了研发投入。更令人惊奇的就是中小企业也在技术创新锐意进取，在市场竞争中获得了高效益回报。如分布在我国各地高新技术开发区中的大量中小企业，就是以自身的技术创新成就来进行创业发展，成为今天以知识为基础的经济发展的重要部分。技术上的创新在产品的生产方法与工艺的提高过程中起着举足轻重的作用：一方面技术创新提高物质生产要素的利用率，减少投入；另一方面通过引入先进设备与工艺，从而降低成本。在企业的竞争中，成本与产品的差异化一直都是核心因素，技术的创新可以降低产品的成本，同样，一种新的生产方式也会为企业的产品差异提供帮助，如果企业能够充分利用其创新的能量，就能在市场中击败竞争对手，占据优势地位。当然技术创新本身具有高投入、高风险性，因此在技术创新的过程中，必须通过建立良好的市场环境与政策条件，才能充分激发企业创新的内在动力，为企业创造最大价值。另外，技术创新也逐渐成为企业一项极其重要的无形资产，而企业作为利益分配主体，就意味着在照章纳税后，企业有权对技术创新收入进行自主分配。这样企业不仅可以有效补偿技术创新投入，而且还可以有效地激励研发人员，尤其就是对技术创新有突出贡献的人员实行特殊的报酬机制。再者，企业可以根据有效的经济原则，组建有效的研发组织，按要素、贡献分配报酬，激励研究与开发的有效增长。创新还可以促进企业组织形式的改善与管理效率的提高，从而使企业不断提高效率，不断适应经济发展的要求。管理上的创新可以提高企业的经济效益，降低交易成本，可以开拓市场，从而形成企业独特的品牌优势。

在产品创新上，美国"硅谷"地区公司以其创新精神、独特的经营模式和雄厚的科技实力闻名世界。"硅谷"地区公司有两个特点：一是从事高新技术开发和应用的研究；二是不断推出新产品和新技术。创新不仅在这些公司中表现得非常突出，而且也在整个社会中得到了广泛的应用。

2. 创新能力

创新能力是指人在观察、思考活动的基础上形成的掌握知识、运用知识，进行创新的本领。具体由创造性观察能力、创造性思维能力和动手实践能力等组成。

大学生有一定的专业知识，要对一些事物有强烈的好奇心，并能发现事物的一些基本特点，观察出事物的结构，产生出自己的想法；要有创新精神，要大胆去创新，敢于去创新。大学生要敢于标新立异，善于发现新问题，开辟新思路，建立新理论、提出新设计，要具有敢于创新的精神。

影响大学生创新能力的因素有很多，包括创新学习能力、创新个性品质、思维能力、创新技能等。

创新学习能力是指学习者在学习已有知识的过程中，不拘泥于书本，不迷信于权威，以已有知识为基础并结合当前实践，独立思考、大胆探索，积极提出自己的新思想、新观点、新方法的学习能力。

创新个性品质是创新者各种心理品质的总和，主要表现为具有很强的创新意识、强烈的好奇性、坚忍不拔的毅力、科学理性的独立精神以及热情洋溢的合作精神。良好的创新个性品质，是形成和发挥创新学习能力的动力。

创新思维是人脑对客观事物进行有价值地求新探索而获得独创成果的思维过程，是创新能力的灵魂和核心。大学生的创新思维处于核心地位。大学生的观察、发现、联想、想象需要创新思维的指导；大学生的创新动机、创新目标的确立需要经过创新思维的审视；大学生的创新活动需要创新思维进行全程判断、分析和验证。创新思维是一种突破常规的、能动的思维发展过程，是求新的、无序的、立体的思维方式，是发挥人的自主创新能力，以超越常规的眼界，从特异的角度观察思考问题、提出全新方案解决问题的思维方式。它是人类思维的一种高级形式。

创新技能是创新能力成果转化的重要途径，它反映创新主体行为技巧的动作能力。创新性技能主要包括动手能力或操作能力以及熟练掌握和运用创新技法的能力、创新成果的表达能力和表现能力及物化能力等。创新技能同样也居于创新教育的核心地位，尤其在我国目前的学校教育中，更要加强以实验基本技能为中心的科学能力和科学方法的训练。想要提高创新能力，必须要大胆去实践，动手操作，提高动手能力和操作动力。

大学生应该培养坚韧不拔、善始善终的创新精神，积极参加学校举办的各类科技创新大赛等活动，可以激发自身的学习兴趣以及创新潜力，培养迎难而上、开拓进取的创新精神，提高创新能力。大学生要积极利用好学校资源，如图书馆、实验室等，这些场所通常是培育和激发创新灵感的绝佳环境；同时，大学生不应该仅仅拘囿于大学校园，还应该主动走出校门，参加社会调研，让理论和实践相结合，在社会实践中发现问题、思考问题、解决问题，并在实际活动中及时反馈，形成最后的成果。

大学生自身创新能力的提高是一个任重而道远的任务，但它对于提高我国自主创新能力，振兴民族科技和发展民族经济起着重要作用，也是提高大学生自身综合素质的必然要求。作为大学生，应该积极响应国家的号召，刻苦学习、深入钻研，积极主动地成为创新活动的重要角色，为成功推进自主创新战略的实施作出自己应有的贡献。

1.2.2 创业的重要性

1. 创业的必要性

当前，我国经济已由高速增长阶段转向高质量发展阶段，正处在转变发展方式、优化经济结构、转换增长动力的攻关期，国际环境也发生了复杂深刻变化。新的内外部形势，推动创新创业向纵深发展，使其成为一个"必选项"。

一是更好把握新一轮科技革命和产业变革的迫切需要。当前，以人工智能、量子信息、移动通信、物联网、生物医药、新能源、新材料等为代表的重大技术加速应用、实现突破，自然科学与人文社会科学之间、科学与技术之间、技术与技术之间交叉融合，人类生产、流通、社交等领域发生深刻变化，为解决人口与健康、食品、资源、环境等重大问题提供新的手段。创新创业不仅符合全球科技革命和产业变革的历史潮流，也符合当今世界进入互联网时代的历史潮流，是大势所趋。

二是推进供给侧结构性改革、实现经济高质量发展的必然要求。创新创业是一个不断解放和发展生产力、变革生产关系的过程，是提高生产效率的动力之源。把握高质量发展阶段的现实要求，推进供给侧结构性改革，根本上要靠创新。无论是降低企业成本、促进产业转型升级，提升企业发展水平和质量，还是提高要素质量和配置效率，从根本上讲都必须大力推进以科技创新为核心的全面创新，必须激发和保护企业家精神，鼓励更多社会主体投身创新创业。

三是全面建设社会主义现代化国家、实现中华民族伟大复兴中国梦的现实选择。建设社会主义现代化强国，必须大力实施创新驱动发展战略，切实加强基础研究和应用基础研究，突破一批关键核心技术，提高原始创新能力；必须大力推动创新创业，推进科技成果转化，促进产业结构升级，大力弘扬创新精神和企业家精神，切实提升创业能力。

2. 创业成功的关键

创业不可能是一帆风顺的，会遇到各种各样的危机、困难，关键就在于创业者能否审时度势，量力而行。

（1）政策。很多成功的企业者在教育和教导中，提到过这样一点：每天七点准时收看《新闻联播》。收看《新闻联播》可以准确知道政府的政策走向。有这样一句话："跟着政府走的企业都会成功"。政策对于一个企业的帮助可以说是巨大的，例如政府推行的汽车下乡、家电下乡等政策，使得一些企业，尤其是一些以出口为主的民营企业，在出口受挫后转向本土化，打开了中国本土市场，使得企业恢复了元气，而且还扩大了生产，实现了企业做大做强的愿景。目前，国家推出的面向大学毕业生的无息创业贷款，使得一些苦于没有资金的大学生创业者看到了希望，开始投入创业。

（2）能力。具备创新能力、行动力、学习能力、团队合作能力、领导能力、抗压能力等多种能力的人更有可能在创业中获得成功，因为这些能力可以帮助他们克服各种困难，实现自己的创业目标。

（3）环境。这里的环境是指创业者在创业经营过程中所处的外部的、不可改变的环境，如经济、人口等，这对企业的影响是很大的。如现在中美贸易出现摩擦，出口美国市场比较困难，那能不能改变方向，转向欧洲或者本土呢？这是创业者可以控制和决定的。

1.2.3 创新创业的未来

随着互联网、大数据、新能源、新材料等新技术的发展，全球已经进入了智能化、数字化和信息化时代，欧美的"再工业化"、德国工业4.0，都说明当前全球已经掀起了新一轮的产业变革和科技革命。发展"四新经济"是未来我国在全球竞争中抢占高点的重要战略举措，通过新科技突破、新产业兴起、新业态诞生、新模式应用，培育新市场主体，为经济增长带来新活力、新动力，这是实现经济高质量发展的内在要求，也是当前阶段我国生产力发展的客观要求。中国在发展方面具有诸多有利条件，中国经济韧性强、潜力大、活力高，长期向好的基本面没有改变。中国这个庞大的市场正在一点点地发挥着应有的效应，14亿中国人也正在为经济的发展贡献自己的力量，而且力量越来越大，对于创新创业者来说是个好机会。

但是，在看到机遇的同时，也要看到挑战。我国要实现2035年远景目标，经济增长速度要维持在潜在增长速度 5% 左右，所以经济增长的任务比较紧；我们的储蓄率目前是 45%，还是比较高的，高储蓄率可以转化成投资，是技术进步的资金保障。如果储蓄率下降太快，低于 35%，就会对创新发展造成一定的阻碍。过去几年中国经济的主要问题是需求不足，因而我国提出扩内需要把恢复和扩大消费摆在优先位置。但是长远来看，消费占 GDP 比重如果上升太快，也就是储蓄率下降太快，这样就会影响投资和科技进步。因此，到 2035 年，储蓄率至少还得保持在 35% 以上。怎么统筹调节经济与保持经济活力之间的关系，政府如何保持政策的连续性和稳定性，给市场稳定的预期，这些都是我们要面临的挑战。面对挑战，我们需要完整、准确、全面地贯彻新发展理念，加快构建新发展格局，着力推动高质量发展，更好地统筹发展与安全，保持经济运行在合理区间。对于创新创业者来说，只要认清自身，培养良好的创新创业理念，将其运用到工作和创业过程中，依托中国庞大的市场，是一定会成功的。从政府角度看，要更好推动创新创业向纵深发展，要重点在以下几个方面发力。

1. 大力推进技术创业

进一步完善科技成果产权管理体制，完善科研人员评价机制，打通科技成果转移转化的"最后一公里"。加快科研体制改革，打破体制机制障碍，大力促进有创业意愿的科研人员更好地创业，让更多科研成果得到及时转化，让更多科研人员释放创新活力。

2. 加强对种子期、初创期和高速成长期创业企业的融资扶持

对政府引导基金的投资重点、投资阶段、运作模式以及管理制度进行调整，加大对重点行业、起步及成长阶段企业的支持力度，调动民间资本投资的积极性。适应创业投资高风险的特点，建立投资失败容错机制，加大现有支持创业投资税收优惠政策的落实力度，同时支持金融机构开发适应"双创"的融资新产品。

3. 为创业者提供更多专业指导

推动创新创业创造服务平台向提升服务功能、增强造血能力转变，进一步完善创业服务产业链，开展强强合作、互补合作，形成资源和信息共享平台，为创业企业提供从项目到产业化的全链条创业服务。充分发挥大企业在市场渠道、资金等方面的优势，加强创业者与大企业的联系，促进创业企业成长。

4. 建立审慎包容、公平竞争的市场环境

适应新技术、新业态融合发展的趋势，进一步完善开办企业的程序，简化中小创业者的审批手续和办事流程。降低创业者进入重点领域的门槛，取消和减少阻碍创业者进入养老、医疗等领域的附加条件，加强事中事后监管。加强知识产权保护，完善相关法律法规。

5. 大力促进国际合作

进一步加大将国际先进技术、人才、资金等要素引进来的力度，按照"优势互补、

合作共赢"原则，充分发挥我国市场、人力资源等优势，在信息、生物、节能环保等领域建设国际科技创新合作园区，加强孵化、工程化平台建设，推动重大技术产业化示范和应用。

6. 营造宽容失败的文化氛围

加大对成功创业者和创业事迹的宣传力度，推广优秀创业企业及创业团队的先进模式和经验；在全社会大力弘扬创新和企业家精神；积极倡导敢为人先、宽容失败的创新文化，树立崇尚创新、创业致富的价值导向。

第 2 章
创业管理

本章导读

本章主要介绍商业模式的基本概念、商业模式的选择和评价、商业模式画布的概念和构成、创业计划书的撰写、创业企业的组织设计、创业团队的管理、创业企业的目标市场战略和营销策略、创业企业的融资渠道和策略等内容。读者应在理解商业模式的基础上重点掌握商业模式画布、创业计划书的内容、创业团队的管理、创业企业的营销策略和创业融资策略等内容。

本章要点

- 商业模式的概念
- 商业模式画布
- 创业计划书的撰写
- 创业团队管理
- 创业企业目标市场战略
- 创业企业营销策略
- 创业融资策略

> **案例导入**

Bilibili：来自二次元的力量

Bilibili（哔哩哔哩）是中国年轻人高度聚集的文化社区和视频平台，该网站于2009年6月26日创建，被粉丝们称为"B站"，2018年3月在美国纳斯达克上市。2021年3月在香港二次上市。B站早期是一个ACG（指动画、漫画、游戏）内容创作与分享的视频网站。经过十年多的发展，围绕用户、创作者和内容，构建了一个源源不断产生优质内容的生态系统，B站是已经涵盖7000多个兴趣圈层的多元文化社区，是中国最大实时弹幕视频直播网站。2022年2月，B站直播上线开播前人脸认证功能，确保开播人与实名认证者一致，后续逐步在各个分区开放。B站最大的优势便是建立自己独特的ACG圈子和文化。UP主、弹幕、鬼畜区、宅舞以及强烈的归属感，这些都是千金难求的财富。它们为B站形成了一道坚不可摧的产品壁垒，也让其他网站即使砸下重金购版权，也撼动不了B站。

Bilibili在网页端和移动端都保持了高增长性，2023年第一季度月活跃用户人数达3.26亿，是视频网站中唯一还拥有持续增长的PC端网站。在B站，游客只能观看不能发射弹幕，注册会员也只能发射一般弹幕，而想要成为B站的正式会员有两个途径：一是通过答题测试，100道ACG及其他圈子的问题中答对60道以上；二是用正式会员分享的邀请码来激活，成为正式会员3个月后才能领取邀请码，一个月也只能领取3个。在这样的条件之下，B站的正式用户都是非常忠实且高质量的粉丝。

Bilibili拥有动画、番剧、国创、音乐、舞蹈、游戏、知识、生活、娱乐、鬼畜、时尚、放映厅等内容分区，生活、娱乐、游戏、动漫、科技是B站主要的内容品类，并开设直播、游戏中心、周边等业务板块。B站营收主要包括广告、增值服务、游戏、电商及其他，其中，增值服务和广告是B站营收增长的主要动力。2022年，B站全年总营收219亿元，同比增长13%。用户活跃度也在增加，日均活跃用户9280万，用户日均使用时长达96分钟，用户活跃度和黏性持续增加。

2.1 创业企业商业模式开发

2.1.1 商业模式的定义

商业模式是指企业围绕如何盈利这个核心来配置企业资源和组织企业所有内外部活动的系统。通过企业商业模式的设计，企业可以明确"做什么，如何做，怎样赚钱"的问题。

1. 要素

B2B 模式、B2C 模式、拍卖模式、反向拍卖模式、广告收益模式、会员费模式、佣金模式、社区模式等是常见的商业模式。商业模式通常包括以下九个方面的要素。

（1）价值主张（Value Proposition）：即公司通过其产品和服务所能向消费者提供的价值。价值主张确认了公司对消费者的实用意义。

（2）消费者目标群体（Target Customer Segments）：即公司所瞄准的消费者群体。这些群体具有某些共性，从而使公司能够针对这些共性创造价值。

（3）分销渠道（Distribution Channels）：即公司用来接触消费者的各种途径。分销渠道关系到公司如何开拓市场，它涉及公司的市场和分销策略。

（4）客户关系（Customer Relationships）：即公司同其消费者群体之间所建立的联系。

（5）价值配置（Value Configurations）：即资源和活动的配置。

（6）核心能力（Core Capabilities）：即公司执行其商业模式所需的能力和资格。

（7）合作伙伴网络（Partner Network）：即公司同其他公司之间为有效地提供价值并实现其商业化而形成的合作关系网络。

（8）成本结构（Cost Structure）：即所使用的工具和方法的货币描述。

（9）收入模型（Revenue Model）：即公司通过各种收入流来创造财富的途径。

2. 特征

商业模式通常包括八个方面的特征：客户价值最大化、整合、高效率、系统、赢利、实现形式、核心竞争力、整体解决。这八个基本特征，缺一不可。其中"整合""高效率""系统"是基础或先决条件，"核心竞争力""实现形式"是手段，"客户价值最大化"是主观追求目标，"持续赢利""整体解决"是客观结果。

2.1.2 商业模式的选择

商业模式决定企业成败。许多企业做出的产品缺乏市场需求，投机取巧、短期逐利，企业很难做大，反而陷入崩盘的境地。什么样的商业模式才赚钱？如何选择商业模式是每一个公司应该认真对待的事情，不同的行业都有不同的商业模式，下面主要从商业模式的基本分类、主流商业模式进行说明。

1. 商业模式基本分类

（1）运营性商业模式。重点解决企业与环境的互动关系，包括与产业价值链环节的互动关系。运营性商业模式创造企业的核心优势、能力、关系和知识，主要包含以下两个方面的内容。

1）产业价值链定位：企业处于什么样的产业链条中，在这个链条中处于何种地位，企业结合自身的资源条件和发展战略应如何定位。

2）赢利模式设计（收入来源、收入分配）：企业从哪里获得收入，获得收入的形式有哪几种，这些收入以何种形式和比例在产业链中分配，企业是否对这种分配有话语权。

（2）策略性商业模式。策略性商业模式对运营性商业模式加以扩展和利用。应该说策略性商业模式涉及企业生产经营的方方面面，主要包括以下几个方面的内容。

1）业务模式：企业向客户提供什么样的价值和利益，包括品牌、产品等。

2）渠道模式：企业如何向客户传递业务和价值，包括渠道倍增、渠道集中/压缩等。

3）组织模式：企业如何建立先进的管理控制模型，比如建立面向客户的组织结构，通过企业信息系统构建数字化组织等。

2. 主流商业模式

（1）互联网模式。互联网模式的特征是主业倒贴，用户为王。当卡巴斯基杀毒软件还在收费时，360杀毒软件已经免费供人使用了，跳出利润范畴，直接免费，干掉了卡巴斯基等收费杀毒软件，拥有了庞大的用户数，坐上了杀毒软件老大的宝座。

（2）连锁模式。连锁模式的核心关键是复制能力。经营同类产品或服务的若干企业，在总部的领导下，通过规范化经营，实现规模效益的经营形式和组织形态。麦当劳、肯德基作为全球知名连锁餐饮品牌，都采用了连锁模式，迅速实现全球扩张。

（3）直销模式。直销公司的成功关键是教育能力。直销是去掉中间商，直接零售给消费者的销售形式，包括电视销售、网络直销、自动供货机、登门销售等。直销的核心在于裂变速度，教育顾客，让顾客购买产品以后能够分享传播转介绍。

（4）金融模式。金融模式的特征是杠杆能力。金融公司的盈利来源于成立基金，收取管理费，收益分成等。企业可以利用杠杆效应，放大收益，这就是金融的魅力所在。

（5）投行模式。投行模式的特征是放大能力。国际化公司走的基本都是资源整合，资源调配，他们自己基本不生产产品，比如小米、苹果，都是外包给其他公司生产，自己只做最核心的东西：技术和用户。

（6）产业整合模式。产业链模式的特征是整合能力。在这个重资产过剩的时代，没有必要再去创造更多的重资产，企业要做的是轻资产轻运营，善于去发现做得好的企业，投资他们，再进行相应的资源整合。

2.1.3 商业模式的评价

1. 产品或服务给用户创造什么价值

用户为什么需要购买你的产品？你的产品能够为他解决什么问题或满足他什么需求？他的问题或需求目前市面上的产品无法解决还是你的产品能够更好地解决？要彻底了解市场竞争情况，并知道如何突出产品的真实价值和独特定位。

2. 业务能否产生收入和利润

几乎没有哪个公司能做到一开张就盈利，开一家小餐馆也要买锅碗瓢盆、付房租、买原料，做互联网要有内容、租服务器带宽。那你现在有没有从业务上获得收入？有哪些方式可以产生收入？成本如何？如何制定销售价格？如果没有收入，还需要多长时间才能产生收入？需要多久能达到盈亏平衡？多久产生利润？哪些因素对收入和利润有直接影响？

3. 如何让用户知道你

现在是信息爆炸时代，要采取有效的宣传和推广手段才能让潜在用户知道你的公司和产品。即便你知道潜在客户在哪里，让他们知道你也是困难并且成本巨大的。需要通过网络、电子邮件、户外媒体、电视广播、印刷品、邮寄、推荐等方式找到客户。现在很多电子商务公司拿着风险投资（Venture Capital，VC）的钱四处打广告，就是让客户知道自己。好的模式不是增加一倍的推广费用拉来一倍的客户，而是把推广费用减少一半，客户的流失少于一半。

4. 如何让用户有好的消费体验

要知道如何打动客户，销售是通过直销还是分销，线上还是线下，如何包装以适应物流配送，如何对客户进行售后支持，是否需要提供现场指导或 7/24 服务，如何获取客户有价值的建议，如何帮助用户获取最大的满意度，满意的用户会成为最好的销售员或宣传员。

5. 自己的业务能不能复制和自我保护

VC 需要的是可以拿钱快速复制的、有规模效应的业务模式，业务指标呈抛物线式发展。即便不承认或者无视它，竞争总是存在或者会出现，只要是赚钱的买卖就会吸引竞争对手，应如何面对他们？这就需要一些保护机制，比如专利、品牌、排他性的销售渠道协议、商业秘密以及先行者的优势。

6. 是否能给业务伙伴提供价值

任何业务伙伴都是需要多方合作的，原料供应、生产合作、物流配送、支付渠道等，应经常思考是否在实现利益最大化的同时，也帮助他们实现更大利益，有没有伤害到谁的利益。好的模式是多方共赢，而不是侵害合作伙伴的利益。

2.1.4 商业模式画布

1. 商业模式画布的定义

商业模式画布是指一种能够帮助创业者催生创意、降低猜测、确保他们找对了目标用户、合理解决问题的工具。它是一种用来描述商业模式、可视化商业模式、评估商业模式以及改变商业模式的通用语言。

商业模式画布是一种关于企业商业模式的思想，直观、简单、可操作性强。在创业项目和大公司中，商业模式画布都起到了健全商业模式、将商业模式可视化及寻找已有商业模式漏洞的作用，在项目运作前通过头脑风暴避免错误，减少决策失败带来的损失。商业模式画布常被用于设立创新型项目或打造与众不同的商业模式，不仅能够提供更多灵活多变的计划，而且更容易满足用户的需求。更重要的是，它可以将商业模式中的元素标准化，并强调元素间的相互作用。

2. 商业模式画布的构成

如何为具有可行性的技术创意设计一套既切实可行，又具有独特竞争优势的商业模式画布，是所有创业者在建立企业前都必须做的一项工作。关于商业模式画布的组成要素和设计问题，目前有不少观点和体系，比较起来，《商业模式新生代》（[美国] 蒂姆•克拉克，[瑞士] 亚历山大•奥斯特瓦德合著）一书所提供的框架简洁且具有可操作性，这个框架可以作为一种共同语言，让创业者方便地描述和使用商业模式，来构建新的战略性替代方案。在该书中，作者提出商业模式设计主要有九个方面，每个方面的核心问题如下。

（1）客户细分：用来描述一个企业想要接触和服务的不同人群或组织。

我们正在为谁创造价值？

谁是我们最重要的客户？

（2）价值主张：用来描绘为特定客户细分创造价值的系列产品和服务。

我们该向客户传递什么样的价值？

我们正在帮助客户解决哪一类难题？

我们正在满足客户的哪些需求？

我们正在提供给客户细分群体哪些系列的产品和服务？

（3）渠道通路：用来描绘公司是如何沟通接触其客户细分而传递其价值主张。

通过哪些渠道可以接触到我们的客户细分群体？

我们现在如何接触他们？我们的渠道如何整合？

哪些渠道最有效？哪些渠道成本效益最好？

如何把我们的渠道与客户的例行程序进行整合？

（4）客户关系：用来描绘公司与特定客户细分群体建立的关系类型。

每个客户细分群体希望我们与之建立何种关系？

哪些关系我们已经建立了，这些关系成本如何？

如何把他们与商业模式的其他部分进行整合？

（5）收入来源：用来描绘公司从每个客户群体中获取的现金收入（需要从创收中扣除成本）。

什么样的价值能让客户愿意付费？

客户现在付费买什么？

客户是如何支付费用的？

客户更愿意如何支付费用？

每个收入来源占总收入的比例是多少？

（6）核心资源：用来描绘让商业模式有效运转所必需的最重要的因素。

我们的价值主张需要什么样的核心资源？

我们的渠道通路需要什么样的核心资源？

（7）关键业务：用来描绘为了确保其商业模式可行，企业必须做的最重要的事情。

我们的价值主张需要什么样的关键业务？

我们的渠道通路需要什么样的关键业务？

（8）重要合作：让商业模式有效运作所需的供应商与合作伙伴的网络。

谁是我们的重要合作伙伴？

谁是我们的重要供应商？

我们正在从伙伴那里获得哪些重要的核心资源？

合作伙伴都执行哪些关键业务？

（9）成本结构：运营一个商业模式所引发的所有成本。

什么是最重要的固有成本？

哪些核心资源花费最多？

哪些关键业务花费最多？

设计商业模式并非一定要回答上述所有问题，但顾客价值、渠道通路、顾客关系、收入及成本等问题一般是需要考虑的。瑞幸咖啡商业模式画布如图2-1所示。

案例：瑞幸咖啡

1.目标客户细分 Customer Segmentation & Target 1-2线白领	4.独特价值定位 Unique Value Proposition • 便宜/优惠	5.竞争优势 Competitive Advantage • 资本	10.战略目标和举措 Objective/Activities
2.需求/问题/机会 Problem • 价格贵 • 购买不便	3.解决方案/产品 Solution • 便宜(20元) • 外送 • 店铺经营	6.推广 Marketing/Channel &Sell • 大牌代言 • 病毒营销	10亿，500家否
	测试(种子用户/MVP)	这一杯，谁不爱	
7.成本结构 Cost Structure 食材成本 广告 促销 开店	9.关键指标 Key Metrics 月用户购买杯数	8.收入来源 Revenue Stream 20元/杯	

图2-1　瑞幸咖啡商业模式画布

2.1.5　撰写创业计划书

1. 创业计划书的重要性

创业计划书是创业者就某一项具有市场前景的新产品或服务，向潜在投资者、风险投资公司、合作伙伴等进行游说以取得合作支持或风险投资的可行性商业报告，又叫商业计划书。创业计划书是创业者的创业蓝图与指南，也是企业的行动纲领和执行方案，对创业者获得创业成功具有重要意义。

创业计划书使创业者对创业项目有了更加清晰的认识，对其实施与经营有了更加完善的行动方案。创业计划书的撰写，可以迫使创业者理清思路，系统地思考项目实施的各个因素；创业者不仅对已有的谋划有了更加深刻清晰的认识，也对项目在实施过程中将要面临的问题与困难有所预见，这些都将给创业项目的实施提供完整周到的规划保障。

创业计划书有助于为创业者争取资金提供有力的支持。创业者的成功往往要借社会之力。创业者要用创业计划书要向潜在支持者展示创业项目的潜力和价值，说服他们进行投资和支持；向公司索要创业计划书的组织数量正在上升，投资者将根据创业计划书对其原始投资进行初步决策。

2. 创业计划书的撰写原则

创业计划书主要是面向对创业项目可能感兴趣的、潜在的利益相关者说明他们所关心的关于创业项目可行性问题的分析与论证报告。尽管由于行业不同而使创业计划书的具体内容有所不同，但是创业计划书的撰写有以下几个一致的原则。

（1）逻辑性强。创业计划书在展示创业方案的过程中应当有清晰的思路，把项目产生的背景、创业者对项目的商业性分析、对市场的研判、资本运行及管理及收益保障等问题，有理有据地阐述清楚。通俗地说，要把"我们将要做什么、为什么要做这个、做他干什么、准备怎么做、如何做得好"这些事说明白，令人信服。

（2）具有可行性。创业计划书所展示的创业项目实施方案，应当具有操作性，能够在商业运营中以具体的方式和行为表现出来。如经营方式可以用具体的实践行为表现出来。

（3）重点突出。创业计划书涉及的要说明的问题很多，但是每个问题的论证的充分程度有所不同。重点论证的问题有以下几个。

1）项目的独特优势。
2）市场机会与切入点分析。
3）问题与对策。
4）投入、产出与盈利预测。
5）保持可持续发展的竞争战略。

6）可能的风险与应对策略。

（4）简洁精练。创业计划书应该简洁、精练、突出重点。投资人很难有耐心看完一份冗长的商业计划。简练、确切、有新意的计划往往能引起投资人的关注。

3. 创业计划书的内容结构

创业计划书的正文内容一般包含以下几项内容。

（1）计划书概要。概要是创业计划书的第一项内容，是整个商业计划的高度浓缩，能让忙碌的读者迅速对新创企业有个全面的了解。很多投资者先看概要，有兴趣才会愿意看完创业计划书的全部内容。概要应当富有吸引力，要突出下列重要内容。

1）公司基本情况。
2）管理团队分析。
3）产品或服务描述。
4）行业及市场分析。
5）销售与市场推广策略。
6）融资与财务说明、利润和现金流预测。
7）风险控制。

（2）公司介绍。公司介绍内容包括以下几个方面。

1）公司成立时间、形式、创立者。
2）公司股东结构。
3）公司发展简史。
4）公司业务范围。

（3）产品或服务。产品或服务介绍的创业计划的具体承载物，是投资最终能否得到回报的关键。产品或服务介绍的内容包括以下几个方面。

1）产品特点和竞争优势。
2）产品市场前景预测。
3）产品研发情况。
4）产品生产计划安排。

（4）市场机会分析。清楚而准确的市场机会分析是对投资者最具吸引力的方面，市场机会是投资者决定是否投资的关键因素。创业者应当尽量多进行机会分析，力保其准确性、可靠性。市场机会分析可以从以下三个层次进行。

1）宏观环境分析，也称为社会环境分析，对创业所涉及的政治环境、经济环境、社会文化环境、技术环境进行详细分析。

2）中观环境分析，也称为行业分析，分析内容包括行业概述、行业竞争性分析、行业展望等。

3）微观环境分析，也叫市场需求分析，通过对企业、供应者、营销中介、顾客、竞争者和公众的分析，预测所处行业的未来发展趋势。

（5）市场营销计划。营销计划承接市场分析部分，对如何达到销售预期状况进行描述分析，需要详细说明和发掘创业机会与竞争优势的总体营销战略、为扩大产品销售所需的资金数量。同时，应当阐述营销组合方面的内容，包括产品、价格、渠道、促销以及对销售人员的激励方式、广告或公关策略、媒体评估等。

（6）财务计划。财务计划是战略伙伴和投资者最为敏感的问题，创业者应花费较多精力进行具体分析。创业者要根据创业计划、市场计划的各项分析和预测，在全面评估公司财务环境的情况下，提供公司今后3年的预计资产负债表、预计损益以及预计现金流量表，并对财务指标进行分析。

（7）企业管理能力。

1）介绍核心管理者，增强投资者对企业的认知度。

2）介绍创业团队人员状况及优势，展示团队的凝聚力和战斗力。

3）人力资源管理计划，应当考虑未来3年内的人员需求，说明企业拟设哪些部门，招聘哪些专业技术人才，配备多少人员，薪酬水平如何，是否考虑员工持股等。

（8）投资说明。

1）融资计划，融资计划说明创业者对资本的需求与安排，提出最具吸引力的融资方案，并说明具体的资金运用规划，目的是使投资人放心交付资本。

2）投资报酬，创业计划书需要用具体数字来描述投资人可以得到的回报。需要预计未来3～5年平均年净资产回报率，包括投资方以何种方式收回投资、回报的具体方式与时间等。

3）投资退出，该项需要与投资人商定。投资人往往要求在3～5年内收回投资。

（9）投资风险。此项指出在创业过程中，创业者可能遭受的挫折甚至失败。企业必须根据实际情况来描述确实存在的注意风险。此项是为了说明创业团队已经充分认识到企业可能面临的关键风险，并提出妥善的预防和解决方案。

4. 撰写创业计划书的注意事项

（1）主题明确。项目名称要体现创业项目的主旨和目标；封面设计新颖、体现项目特色，简洁规范；摘要要开门见山地进行综述；计划书的目录和章、节、目的标题符合逻辑且框架清晰。

（2）结构合理。创业计划书一般分为创业主体、创业计划、附录三大部分，包括计划摘要、产品（服务）介绍、生产管理、市场分析、营销策略、企业管理、财务规划、创业风险及应对策略、投资说明以及附录等内容。计划书总的要求是结构合理、内容充实、重点突出。打动投资者的关键点一般有以下几个。

1）关注产品：产品是创业的关键。无论是对于创业者自己还是对于投资者，能否收回投资并取得盈利，关键就看产品有没有市场。

2）敢于竞争：敢想敢干是我们宣扬的创业主题，它应该表现在创业的各个阶段，也应该用这样的热情去感染投资者和其他相关者。

3）了解市场：创业的激情、对投资者的感染力，建立在对目标市场的有逻辑的深入分析上。

4）表明行动的方针：要有细致可行的行动纲领来实现对市场的预测。

5）展示管理队伍：卓越的领导集体是创业计划和实践具有科学性、可行性的队伍保证。

6）出色的计划概要：概要是第一个呈现的文件，是第一个让投资人对创业项目感兴趣的书面说明。

（3）论据充分，论证严谨。论据充分、论证严谨主要体现在以下几个重要环节。

1）市场调研分析充分，数据翔实、可信度高，潜在需求现实等。

2）技术成熟及后续研发有保障等。

3）销售、价格和成本合理，资金回收期短等。

4）营销策略有可操作性，有特色和创意等。

5）风险评价客观，能应对、可解决。

6）撤出方式可行等。

（4）方法科学，分析规范。在市场调研、营销预测、财务效益可行性研究等方面一定要采用科学的方法，分析要客观科学，计算公式、财务报表要规范。

（5）文字流畅，表述准确。文字表述要通俗易懂，逻辑严谨，言能达意，谨防病句、错字别字。另外，排版规范、装帧整齐也很重要。封面简洁大方；正文、段落、标题格式统一，符合行文标准；引言、表格、公式、数字、参考资料表述准确、规范等。

2.2 创业企业人力资源管理

创业企业相比成熟的企业，在人员、规模、经验等方面皆有所欠缺，所以"麻雀虽小，五脏俱全"在这里并不适用，在初创阶段，一切都应该以生存和盈利为宗旨，创业企业的组织设计要求必须有效率。而在人力资源管理方面，则更加注重创业企业的成长潜力，做好人力资源规划，对创业企业的健康发展尤为重要。

2.2.1 创业企业的组织设计

1. 组织设计的含义与内容

组织设计就是根据组织目标及工作的需要确定各个部门及其成员的职责范围,确定组织结构。简单地说,组织设计的内容包括组织职能设计、组织部门设计、组织职位设计、组织协调关系设计。

(1) 组织职能设计是一个在组织设计中起着承上启下的桥梁作用的环节。"上"指的是企业的战略目标和任务,"下"指的是企业的组织结构和框架,具体说就是企业的各个管理层次、部门、职位和岗位。职能设计对"上"能把企业的战略目标和任务加以明确和具体化,并通过进一步的职能分解,将企业的战略目标和任务转化为具体业务;职能设计对"下"能将企业的各项业务活动加以归类,从而为企业的管理层次、部门、职位和岗位的设置提供依据。

(2) 组织部门设计就是按照战略的职能要求分化出专门行使某项具体职能的部门,如生产部门、销售部门等。

(3) 组织职位设计就是根据组织的需要,规定某个职位的责任、任务、权力以及工作量的过程。其具体体现就是职位说明书。

(4) 组织协调关系设计是建立组织的规章制度、工作规范,以及各部门、各职位之间的工作关系、工作流程,使得部门职能、职位职能充分发挥,最终达到组织的目标。

2. 常见的创业企业的组织设计形式

(1) 直线型。直线型是一种最先出现也是最简单的组织形式,如图 2-2 所示。实行垂直领导的模式,下属部门只受一个上级的领导,各级主管部门对其下属部门的一切问题负责。

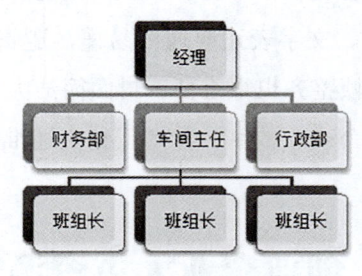

图 2-2 直线型

优点:架构比较简单,责任分明,命令统一。

缺点:要求负责人通晓多种知识和技能,亲自处理各种业务。

直线型适用于规模较小、生产技术比较简单的企业;对生产经营和管理比较复杂的企业则不适宜。

(2) 职能制。职能制是最常见的企业组织形式,如图 2-3 所示。

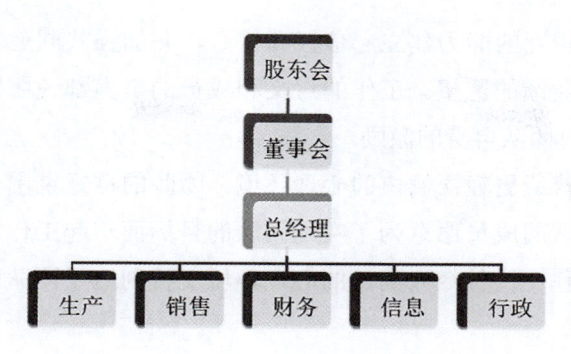

图 2-3　职能制

由于大部分创业企业刚刚起步，往往不能较规范地进行组织设计，一般会尤其注重销售、生产、技术部门，会造成创业企业在组织设计时出现一些问题和矛盾。由于规模有限，创业企业在人员监督方面不会而且也不能进行过多的投入，所以，人力资源是一个创业企业成功生存下去并逐渐壮大的重要保障。换句话说，良好的创业团队，是创业能否成功的根本。

2.2.2　创业团队管理

1. 创业团队及其对创业的重要性

创业团队是两个或两个以上具有一定利益关系的、拥有所创建企业所有权或处于高层主管位置并共同承担创建和领导新企业责任的人所组成的工作群体。团队创业有助于创业的成功和新事业的发展。一个好的创业团队对新创企业的成功起着举足轻重的作用。企业的成长潜力（吸引投资人的能力）与创业团队的素质和经验呈高相关。

风险投资之父乔治·多里特说过："我更喜欢拥有二流创意的一流创业者和团队，而不是拥有一流创意的二流创业团队。"因此，只有通过进一步认识创业团队的意义，了解和分析团队类型特点，把握团队组建的关键要素，才能帮助创业者在实践中培育和发展出一支优秀的创业团队。

（1）团队能提高机会识别、开发和利用能力。团队成员不同的知识、经验和技能的组合，提供了团队对创业机会识别进行更为科学理性的评价、对机会开发方案的选择更为准确全面的可能，以避免决策失误。同时，团队成员广泛的社会联系和内部更多的积累可以有效地获得开发机会所需要的资源，增加机会开发成功的可能。

（2）团队能提高新企业运作能力，发挥合成效应。把互补的技能和经验组合到一起，超过了团队中任何个人的技能和经验。这种技能和经验在更大范围内的组合使团队能应对多方面的挑战，比如创新研发、市场营销、财务管理、质量控制和客户服务，并形成一种协同工作的整体优势。

（3）团队能为加强组织发展和管理工作提供独特的社会角度。通过共同努力克服障碍，团队中的人们对相互的能力建立起信任和信心，并加强共同追求高于和超乎个人和职能工作之上的团队业绩的愿望。工作的意义和成员的努力都使团队价值深化，从而使团队的业绩最终成为对团队自身的激励。

（4）团队有利于营造更轻松愉快的心理环境。团队的良好氛围与团队的业绩是相辅相成的，它能够使团队的成员愿意为了实现团队的目标而一起工作，并且为了团队的业绩成果而相互充分信任。这种令人满意的心理环境支持创造了团队的业绩，团队也因优异的业绩而得以延续。

2. 组建创业团队的策略

要组建一支高效的、有创造力的团队，实现团队成员相互信任、相互支持、目标一致、技能互补，首先必须对团队需要的成员角色有清晰的判定和选用。

团队角色指的是团队成员为了推动整个团队的发展而与其他成员交往时表现出来的特有的行为方式。在对团队角色不同的划分法中，以贝尔宾（Belbin）划分法最常使用。这是由梅雷迪斯·贝尔宾在1981年提出，他认为有效决策团队的核心由八个重要的角色组成，见表2-1。

表2-1 有效决策团队的八个重要角色

角色	行为	特征
主席	将目标分类，进行角色与任务的分配，联结群体，协调行动	沉着、智慧、值得信赖、公正、自我约束、积极思考、自信
塑造者	寻求群体讨论的方式，促成群体达成一致并决策	高成就、低压力、急躁、友好、好争辩、具有煽动性、动力强劲
培养者	提出新思想及进一步建议，洞察行为过程	个人主义、严密思考、有见识、非正统、智慧
监视/评价者	分析复杂的问题及看法，评价别人的贡献	冷静、敏感、聪明、慎重、独立、理性、不易怒
执行者	把谈话与建议转换为实际步骤，整理建议并使之与已经取得一致意见的计划和已有的系统相配合	保守、顺从、务实可靠、工作勤奋、有自我约束力
完成者	强调任务的目标要求和活动日程表，在方案中寻找并指出错误、遗漏和被忽视的内容	勤奋有序、认真、有紧迫感、理想主义者、追求完美、持之以恒、常常拘泥于细节
协作者	给予他人支持并帮助别人，打破讨论中的沉默，采取行动扭转或克服团队中的分歧	擅长人际交往、温和、敏感、适应能力强、能促进团队的合作
资源调查者	提出建议并引入外部信息，接触持有其他观点的个体或群体，参加磋商性的活动	性格外向、热情、好奇、联系广泛、消息灵通、有广泛联络他人的能力、不断探索新的事物、勇于迎接新的挑战

3. 创业团队的管理技巧和策略

团队创业成功率往往取决于团队决策和利益分配,高效解决决策分歧和利益冲突问题是创业成功的保障。在创业过程中需要有效的团队管理技巧和策略,尤其在创业初期,创业团队还没有建立起规范的决策流程、分工体系和组织规范,处理决策分歧显得尤为困难。另外,创业初期需要团队在时间、精力和资金等方面的高强度投入,但短期无法实现期待的激励和回报,会让团队成员的积极性受到打击,导致对企业目标产生怀疑,彼此失去信任。所以创业团队的管理重点在结构管理,在创业初期就要找到适合的结构模式。

创业团队可以从三方面入手来实施结构管理,分别是知识结构、情感结构和动机结构。知识结构反映的是创业团队成功创业的能力素质;情感结构是创业团队维持凝聚力的重要保障;动机结构则是创业团队实现理念和价值观认同的关键因素。

(1) 知识结构管理策略。知识结构的互补性是创业团队管理的核心,知识结构的互补是指团队成员拥有不同的知识储备,可以根据团队成员不同的特长进行工作分配。根据成员的不同特长,可以分为管理者、执行者和调和者等,每个团队成员根据自己的分工在工作中完成自己的任务,同时通过对知识的分享来获取他人的支持,更好地协作以完成工作任务,同时团队成员间也存在竞争关系,在优秀的创业团队内部能把竞争关系转化成动力,促进团队成员去实现企业目标。

(2) 情感结构管理策略。合理的情感结构是创业团队维持凝聚力的保障,创业过程中团队成员必然是互相依靠的,不仅表现在知识结构的互补,也体现在情感的共鸣和目标的一致。因而团队成员之间需要建立高度的信任,通过高度信任可以减少企业风险,无论在何种创业团队中,情感的共鸣都是团结团队成员的有效方法。情感结构管理注重成员知识、学历和能力等方面的差异,这种差异是自然存在的,如果创业团队之间因差异发生冲突和争辩,很容易变为情感性冲突。成员之间发生冲突不利于创业的成功,只有把情感控制在可控范围内才能促进创业成功。

(3) 动机结构管理策略。动机结构是实现创业目标的关键,创业团队要关注成员的价值观,价值观不同容易让企业只重视短期利益,忽视企业的发展,相似的价值观和动机有利于团队一直保持目标和方向的一致,并且愿意为这个共同的目标而付出自己的努力,同样有助于企业在面对困难时克服阻碍,保持企业的稳定发展。合理的创业团队管理可以发挥团队创业的优势,创业过程中团队成员之间一定有各种冲突,创业目标的一致性可以减少这样的冲突,充分发挥每个人的特长,形成有效的管理机制。

4. 领导创业者的角色与行为策略

(1) 领导创业者的角色。在创业团队中必然会产生一个领导者,领导者不仅要承担比一般成员更重的责任,而且在协调团队成员之间的关系和利益上也发挥着重要作用。

当大家的企业管理经验的理念发生冲突时，领导者应该及时表明自己立场，通过分析，果断对问题进行决策，避免产生更大的分歧。成为一个优秀的领导者，不仅关系到个人的发展，更是对企业发展产生深远的影响，现代的领导者已经不同于传统的领导者，现代企业的竞争需要领导者具有更多的能力，而不是依靠传统的权力，有效的领导往往来源于领导者能否公平地使用权力、合理地分配利益，是否具备良好的个人魅力。面对激烈的市场竞争，领导者要用敏锐的眼光和踏实的作风去大胆地决策，在风险来临时迅速决策，在机遇来临时果断把握，得到所有人的信任，带领创业团队向创业目标不断前进。

（2）维护团队稳定策略。团队成员是否能发挥每个人的优势以及团队是否稳定是评价领导者的领导能力的重要因素。一个创业团队在组建初期，领导者要花很多时间和精力去磨合这个团队，明确团队成员的职责，帮助他们确定个人发展的路径，让每个成员在创业过程中都能找准自身的定位。当企业发展到一定规模时，领导者要帮助团队成员处理好他们之间的关系，让他们更好地合作，并能使企业处于一个健康发展的水平。另外领导者要尽力营造一个宽松的工作环境，信任每个团队成员能发挥自己的专长，让所有人感觉自己在团队中有存在感，领导者要以自己的人格魅力去感染员工，为团队的稳定发挥自己的作用。

（3）合理的利益分配策略。在创业的初期，领导者要组织团队成员制定合理的利益分配制度，创业团队中的成员拥有不同的资源，不同的资源要体现为分配不同的企业股份上，领导者可以根据每个人的条件进行清晰的利益分配。创业一段时间后，往往会出现创业初期的股份与创业过程中的贡献不一致的现象，因此在制定制度时，要充分考虑对企业发展做出重要贡献的人的利益，否则很容易出现贡献和回报不相等的状况，导致员工积极性受挫。好的创业团队需要有弹性的利益分配机制，及时解决出现的问题，保持员工的热情，确保企业稳定、健康发展。

5. 创业团队的社会责任

（1）创业团队的社会责任概念。创业团队的社会责任（Corporate Social Responsibility，CSR），即企业的社会责任，是指企业在其商业运作中对其利害关系人应负的责任。利害关系人是指所有可以影响或会被企业的决策和行动所影响的个体或群体，包括员工、顾客、供应商、社区团体、合作伙伴、投资者和股东。创业团队的社会责任概念是鉴于商业运作必须符合可持续发展的想法，团队除了考虑企业自身的财政和经营状况，也要加入其对社会、自然环境所造成影响的考量。

（2）创业团队的社会责任内容。

1）对股东：股东拥有充分分享企业经营成果的权利。

2）对员工：员工享有相当的收入水平，工作的稳定性，良好的工作环境、健康保护，平等的就业和提升机会。

3）对政府：支持政府的号召，遵守法律和规定。

4）对供应者：保证付款时间。

5）对债权人：遵守合同条款，保持值得信赖的程度。

6）对消费者/代理商：提供高品质的产品和服务，保证商品的价值。

7）对社会：为环境保护和节约资源作贡献，为社会发展作贡献，为公共产品与文化建设作贡献，公平竞争。

8）对竞争者：公平竞争；增长速度；在产品、技术和服务上的创新。

9）对特殊利益集团：提供平等的就业机会；对城市建设的支持；对残疾人、儿童和妇女组织的贡献。

2.3 创业企业营销管理

对于企业而言，市场营销是在创造、沟通、传播和交换产品中，为顾客、客户、合作伙伴以及整个社会带来价值的活动、过程和体系，包括市场调研、选择目标市场、产品开发、产品促销等一系列与市场有关的企业业务经营活动。在这个互联网经济高速发展的时代，营销已经渗透进我们生活的方方面面。如何在众多创业者中脱颖而出，吸引到充足的用户流量，需要制定非常有效的营销战略。

2.3.1 创业企业的目标市场战略

1. 在市场细分过程中发现市场机会

（1）市场细分是创业企业营销成败的基础。市场细分是现代市场营销观念的产物，它是指按照消费需求的差异性把某一产品（或服务）的整体市场划分为不同的子市场的过程。创业企业开展市场细分的原因在于以下几点。

1）市场行为的差异性及由此决定的购买者动机和行为的差异性：市场需求的差异性取决于社会生产力的发展水平、市场商品供应的丰富程度以及消费者的收入水平。除了对某些同质商品，消费者有相同的需求，消费者的需求总是各不相同的。

2）市场需求的相似性：从整体上看，人们的消费需要千差万别，然而在这种差别之中包含着某种共性。这种交叉中的相似性和差异性就使市场具有可聚可分的特点，为企业按一定标准细分市场并从中选择自己的目标市场提供了客观可能性。

3）买方市场的形成：企业只有依靠市场细分来发掘未满足的市场需要，寻求有吸引力的、符合自己目标和资源的营销机会，才能在市场竞争中取胜。

一方面企业在市场细分的基础上针对目标市场的特点制定战略和策略，做到"知己知彼";另一方面,企业只是面对一个或几个细分市场,可及时捕捉信息,按需求变化调整发展策略。

(2)创业企业如何开展消费者市场细分。消费者市场上的需求千差万别,影响因素也是错综复杂。对消费者市场的细分没有一个固定的模式,创业企业可根据自己的特点和需求,采用适宜的标准进行细分,以求得最佳的市场机会。

1)地理环境因素:消费者所处的地理环境和地理位置,包括地理区域、地形、气候、人口密度、城市规模等。

2)人口因素:包括消费者的年龄、性别、家庭规模、收入、职业、教育程度、宗教信仰、民族、家庭生命周期、社会阶层等。

3)心理因素:消费者因生活方式、个性、爱好等不同,往往有不同的购买心理。

4)购买行为:主要是从消费者购买行为方面的特性进行分析。如从购买动机、购买频率、偏爱程度及敏感因素(质量、价格、服务)等方面判定不同的消费者群体。

2. 创业企业目标市场选择

(1)目标市场和目标市场营销是创业企业营销成败的关键。目标市场是指在需求异质性市场上,企业根据自身能力所确定的欲满足的现有和潜在的顾客。目标市场营销是指企业通过市场细分选择了自己的目标市场,专门研究其需求特点并针对其特点提供适当的产品或服务,制定一系列的营销措施和策略,实施有效的市场营销组合。

(2)创业企业的目标市场营销战略。

1)无差异性市场营销:创业企业面对整个市场,只提供一种产品,采用一套市场营销方案吸引所有的顾客。

优点:生产经营品种少、批量大,节省成本,提高利润率。

缺点:忽视了需求的差异性,消费者特定需求得不到满足。

2)差异性市场营销:创业企业选择几个细分市场作为目标市场,针对不同细分市场的需求特点,分别设计不同的产品,采取不同的市场营销方案,满足各个细分市场上不同的需要。

优点:适应了各种不同的需求,能扩大销售,提高市场占有率。

缺点:差异性营销会增加设计、制造和促销等方面的成本,会造成市场营销成本的上升。

3)集中性市场营销:创业企业选择一个或少数几个细分市场作为目标市场,制定一套营销方案,集中力量为之服务,争取占有大量份额。

优点:由于目标集中,能更深入地了解市场需要,使产品更加适销对路,有利于树立和强化企业形象及产品形象,在目标市场上建立巩固的地位;同时由于实行专业化经营,可节省生产成本和营销费用,增加盈利。

缺点：目标过于集中，把企业的命运押在一个小范围的市场上，有较大风险。

3. 创业企业市场定位：创业企业营销成败的核心

市场定位就是针对竞争者现有产品在市场上所处的位置，根据消费者或用户对该种产品某一属性或特征的重视程度，为产品设计和塑造一定的个性或形象，并通过一系列营销活动把这种个性或形象强有力地传达给顾客，从而确定该产品在市场上的位置。

创业企业的市场定位工作一般应包括以下三个步骤。

（1）调查研究影响定位的因素。适当的市场定位必须建立在市场营销调研的基础上，必须先了解有关影响市场定位的各种因素。这主要包括以下三个方面。

1）竞争者的定位状况。

2）目标顾客对产品的评价标准。

3）目标市场潜在的竞争优势。

（2）选择竞争优势和定位战略。创业企业通过与竞争者在产品、促销、成本、服务等方面的对比分析，了解自己的长处和短处，从而认定自己的竞争优势，进行恰当的市场定位。市场定位的方法一般包括七个方面。

1）特色定位：即从企业和产品的特色上加以定位。

2）功效定位：即从产品的功效上加以定位。

3）质量定位：即从产品的质量上加以定位。

4）利益定位：即从顾客获得的主要利益上加以定位。

5）使用者定位：即根据使用者的不同加以定位。

6）竞争定位：即根据企业所处的竞争位置和竞争态势加以定位。

7）价格定位：即从产品的价格上加以定位。

（3）准确传播创业企业的定位观念。创业企业在进行市场定位决策后，还必须大力开展广告宣传，把创业企业的定位观念准确地传播给潜在购买者。

1）"针锋相对式"定位：把产品定在与竞争者相似的位置上，同竞争者争夺同一细分市场。实行这种定位战略的创业企业，必须能比竞争者生产出更好的产品；该市场容量足够吸纳这两个竞争者的产品；比竞争者有更多的资源和实力。

2）"填空补缺式"定位：寻找新的尚未被占领、但为许多消费者所重视的位置，即填补市场上的空位。这种定位战略有两种情况：一是这部分潜在市场即营销机会没有被发现，在这种情况下，创业企业容易取得成功；二是许多企业发现了这部分潜在市场，但无力去占领，这就需要有足够的实力才能取得成功。

3）"另辟蹊径式"定位：当创业企业意识到自己无力与同行业强大的竞争者相抗衡从而获得绝对优势地位时，可根据自己的条件取得相对优势，即突出宣传自己与众不同的特色，在某些有价值的产品属性上取得领先地位。

2.3.2 创业企业营销策略

1. 创业营销中的 4P 策略

市场营销组合是企业为了占领目标市场、满足顾客需求，整合、协调使用的可控制因素。营销组合策略即 4P 策略，分别是产品（Product）、价格（Price）、渠道（Place）、促销（Promotion）。在创业初期，4P 的范围更为广泛。

（1）产品。产品策略是指在产品身上下功夫，同时还应该包括创业项目的选择。只有在确定好创业项目后，才能去谈产品。在我们的日常生活当中，人们无时无刻不需要解决许许多多的实际困难，只要时时留意细心观察，总会对某些人存在的困难或需求有所了解和认识，继而产生兴趣，然后可能找到一些解决方法，商机就这样出现了。

当然，选择好的产品或项目只是第一步，从产品入手，第一要准确界定产品的销售对象，是销售给厂商还是消费者，要细分市场；第二要将自己的产品与其他厂商的同类产品明显区别开来，突出其特色；第三要重点宣传产品的特点和功能；第四要介绍推广产品的可信度、高质量、好品牌和知名度；第五要认真研究产品的包装；第六要做好售后服务；第七要制定好新产品开发策略。

（2）价格。第一要确定基本目标，是销量最大化，还是利润最大化；考虑零售价与批发价之间的合理关系；第二要策划产品定价的基本方法，是按成本导向定价，还是按需求导向定价，或是按竞争导向定价等；第三要权衡产品中的可见价值、成本、利润三者之间的合理比例；第四要协调好产品价格、市场份额、市场规模、产品生命周期、市场竞争程度之间的关系。

在企业创业期，即使选择了一个好的产品，一旦定价失误，也摆脱不了失败的命运。常用的定价方法有以下几种。

1）成本定价法：成本定价法是一种以成本为中心的定价方法，即产品成本加利润进行定价，是运用较普遍的传统定价方式。

2）市场定价法：市场定价法即根据竞争对手的竞争地位及价格进行参照定价。

3）心理定价法：根据顾客能够接受的最高价位进行定价，它抛开成本，赚取它所能够赚取的最高利润，即顾客能接受什么价我就定什么价。

4）零售定价策略。

- 尾数定价策略：在确定零售价格时，以零头数结尾，使用户在心理上有一种便宜的感觉，或者是按照风俗习惯的要求，价格尾数取吉利数，促进购买。该策略适用于非名牌和中低档产品。
- 整数定价策略：与尾数定价策略相反，利用顾客"一分钱一分货"的心理，采用整数定价，该策略适用于高档、名牌产品，或者是消费者不太了解的商品。

- 声望定价策略：主要适用于名牌企业和名牌产品。由于声望和信用高，用户也愿意支付较高的价格购买。
- 特价价格：这是利用部分顾客追求廉价的心理，企业有意识地将价格定得低一些，达到打开销路或者是扩大销售的目的，如常见的大减价和大拍卖。

（3）渠道。渠道是指产品出厂到顾客消费的通道。创业企业首先要根据产品特点、希望加以控制的程度、希望得到的盈利幅度来决定依靠什么渠道将产品分销出去；其次要视分销成本的高低确定产品分销到多大的地理范围；再次要根据周转额大小和周转成本高低来决定产品库存多少；最后要认真研究和选择最为快捷、经济的运输方式。

企业在创业期，产品的渠道选择是企业普遍遭遇的难题，归纳起来，关键需要解决以下三个问题。

1）什么样的"渠道"最适合企业产品并且适合企业现有的资源状况？
2）什么样的"渠道"在保持稳定性的同时，又便于企业日后改进？
3）什么样的"渠道"能尽快地出"成绩"，同时又提升产品的知名度？

若想有效地选择产品渠道，圆满地解决以上的三个问题，就必须对渠道进行科学的设计与规划。

对于初创业的小企业来说，在销售渠道选择上没有"大鱼"型代理商愿意做自己的代理的情况下，完全可以选择"小鱼"型代理商。借"小鱼""养大"自己的步骤：一是"选苗"；二是"助长"。

朗科公司是世界上第一块闪盘——朗科优盘的生产者，公司创立时仅两个人，创建之初在产品小批量生产后，由于没有实力建销售渠道，朗科只能采用代理的形式。朗科产品刚刚投放市场时，企业实力有限，名气也非常小。在这样的条件下，朗科毅然决定选择规模小的代理商，因为小代理商要价低甚至不要，而且小代理商往往会把厂家及其产品当个宝，认真对待。于是朗科选择了一批人品好、事业心强的老板，并具有强烈致富和成功追求愿望的小代理商。短短3个月内，朗科就在全国发展了40多家这样的"小鱼"。同时，朗科还不断"灌水养鱼"：广告配合培育市场，产品研发降低价格，全心全意助代理商销售，让"小鱼"获得切实的利益。这些"小鱼"即开始为朗科带来了上亿元的销售额，之后的销售额更是猛增。

（4）促销。促销是指如何推广产品。首先，创业企业在产品销售过程中要设法让顾客了解产品；激起顾客对产品的兴趣；设法让顾客试用产品；设法让顾客再次购买产品；设法培育顾客对产品的忠诚。其次确定产品促销方式，是用广告宣传拉拢顾客，还是对分销商打折向外推出产品。再次要考虑使用适当的推销方式，如广告宣传要选好媒体，确定潜在市场覆盖比例和覆盖频率；建立销售队伍，激励分销会员，如组织销量竞赛，实行积分，尝试产销利润分成，举办产品交易会，组织仓储展销等。最后要做好公关工作和宣传介绍。

作为企业创业期所提供的产品，一般处于产品生命周期的导入期。在导入期，一方面必须通过各种促销手段把商品引入市场，力争扩大商品的市场知名度；另一方面，新品进入市场的价格定位又决定了渠道客户的接受、认同程度。所以，导入期营销的重点主要集中在价格和促销方面。这里的价格可以理解为渠道价格策略，即渠道的批发价格和市场零售价格。一般有四种可供选择的市场策略。

1）快速掠取策略：即高价格高促销。适合于品牌收益导向的产品。一级经销商的批发价格及终端零售价格可以维持在较高的水平，以支持导入期的高促销策略。

2）快速渗透战略：即高价格低促销。这种策略适用于利润导向的产品。

3）缓慢掠取策略：即低价格高促销。这种策略适用于销售规模导向的主打产品。可以迅速渗透市场，获得较高的市场占有率，有效地限制竞争对手。

4）缓慢渗透策略：即低价格低促销。较低的价格有利于新品在渠道内的快速渗透。

2. 创业企业的低成本营销传播策略

低成本营销，就是在充分考虑和规避市场风险的前提下，以最经济、最合理的投入，实现市场最大化的利益回报，这就需要企业能集中自身现有的资源，洞悉市场发展规律，针对消费文化的多元格局，审时度势走出一条细分化、差异化道路。同时通过多种宣传手段的组合运用，准确细分，以尽快赢得先机，抢占市场，实现销售。

（1）低成本营销的创新。对创业企业而言，低成本营销更多的是强调稳健、务实和安全，其行为本质，就是要及时发现在投入和产出的相对关系中潜在的、尚未被利用的机会，并且灵活地充分利用这一机会。创业企业要做好低成本营销，需要以下三个方面创新。

1）产品创新。除了对产品进行概念、定位、诉求方面的包装，更要结合产品本身的特质和功效，明确产品自身的集中服务对象。对消费者来说，其购买产品的目的除了获得核心利益，还期望从中获取附加利益，无论是从情感、还是精神层面，都希望有所满足。随着市场发展的成熟和理性，消费者不仅需要产品本身的物质属性，也希望产品能够根据时代、消费环境和需求的变化有所增加和改变。因此，创业企业可以运用特征——优点——利益来突出自己产品的附加值。就单一产品来说，即使自身不具备很强势的背景，也要找出其区别对手的差异化概念或促销手段。因为在产品核心功能趋同的情况下，就看谁能更快、更多、更好地满足消费者的复杂利益整合的需要，谁就能拥有消费者，赢得市场。

2）模式创新。创业企业要考虑尽量避开对手锋芒，在宣传造势、通路渠道、促销手段上充分体现既吸引眼球、引发关注又生动活泼的特点，借此充分调动消费者和潜在消费者的积极性。可以采取互动营销方式，比如一个新产品上市，可采取"紧急寻找10名健康使者""时尚女性做顾问,高额奖金回报您""产品效果,当场公证"等带有事件营销方式借以渲染气氛、聚焦关注度,让消费者亲自参与产品的整个营销过程。另一方面,自身的弱势产品可借助强势、受众面广的品牌或产品放在一起捆绑促销,借力扬名,客观上给自己找到了一个新的卖点。中国未来的渠道模式,将会出现以渠道为中心的营销逐步向以产品和产品品牌为中心的营销转化,因此,即使是弱小的产品,只要抓住机会,也能取得良好效果,比如新闻营销、事件营销等。

3)服务创新。服务看似简单,精髓往往在于独创和差异。一般来讲,企业提供的服务,其实也是一种产品,可称为服务产品,服务产品包括核心服务、便利服务和辅助或支持服务。核心服务体现了企业为顾客提供的最基本效用,比如优惠派赠、节日送礼、亲自体验等;便利服务是为配合、推广核心服务而提供的便利,如送货上门、来电订购、咨询回访等;辅助服务用以增加服务的价值或区别于竞争者,如"节日有惊喜,健康送大礼"等,这些服务有助于实现差异化营销策略。创业企业可以通过认知并回应不断改变的顾客需求和价值来持续为顾客寻找并创造新的价值。对于很多行业来说,各个企业为顾客提供的核心服务基本一样,所以主要靠增加便利服务和辅助服务来赢得顾客,形成差别,打造核心竞争力。

(2)营销传播策略。在各行业竞争如火如荼的战场上,企业越来越明白营销传播的重要性。一轮接一轮的电视、报纸、网络终端的广告轰炸,那是有钱的大企业玩的游戏,对于起步阶段的初创企业来说是望尘莫及的,但初创企业如果要想得到良性发展,通过有效的营销传播让经销商、消费者对品牌达到认知从而实现知名度提升是最基本的工作,毕竟在面对几千甚至几万的竞争品牌中,要想生存首先企业必须出名。而对资金匮乏的初创企业来说,广告轰炸可能是连想都不敢想的事情,可以通过以下策略来实现品牌的有效传播。

1)首先要明确企业的营销传播的目的。没有目的的宣传,可能就让企业的宣传费用打了水漂。所以,作为宣传资金短缺的初创企业来说,好钢要用到刀刃上,必须做到有的放矢,初创企业如果宣传,必须明确宣传目的是什么,比如说是招商宣传,还是针对终端目标消费者的促销宣传,或者是为了品牌建设而制定的有规划、有策略的系列宣传;是长期的宣传,还是即期的宣传。

2)明确宣传所针对的具体的目标人群。宣传必须有针对的人群,明确企业到底在向谁说,宣传有效性就成功了一半;所确定的目标人群必须具体。其实,在企业进行初期产品或品牌市场定位的时候,就应该明确自己的目标消费者。但是现在的大多数初创企业,都是凭经验或者跟风上产品,是有了产品然后才考虑营销,并不是像大中型企业可以有规范的市场部或者可以借助营销策划动脑,从而按正规的营销套路出牌。所以初创企业在宣传的时候必须要明确自己宣传所针对的目标人群。

3）低成本的营销传播方式的选择。
- 网站平台：包括门户网站、各品类行业网站、地方性本地网站、与品牌相关联的网站等。网站平台新媒体广告的主要形式有横幅 Banner 广告、焦点图广告、对联广告、漂浮广告等。同时，如果有一定的资金的话，可以在行业网站的首页发布图标广告链接，点击后就可以进入企业的网站。图标广告尽量放在首页醒目的位置，便于上网浏览者进入，并且图标的广告设计要有特色，能够在众多图标广告中突出。
- 移动新闻客户端：市场上比较主流、用户量又比较大的手机新闻客户端分为两种类别：一是精准定制类，根据每个人的阅读习惯定向推荐内容，包括今日头条、一点资讯、天天快报；二是常规新闻类，按照频道划分内容，包括腾讯新闻、网易新闻、搜狐新闻、新浪新闻、凤凰新闻、澎湃新闻等。
- 社交媒体平台：包括微博、QQ、微信等，微博的广告投放形式有粉丝通、粉丝头条、微博"大V"广告投放等，QQ和微信的广告形式都属于腾讯广点通的产品形态。
- 视频平台：包括网络视频平台、视频直播、视频分享平台等，创业企业可以做缓冲视频广告和专区整合冠名广告、Banner广告图、视频暂停广告等。

以上只是部分新媒体营销传播的宣传方式，另外还有电子邮件广告和手机短信群发广告等，这里就不一一列举，企业要根据自己的实际情况制定有针对性的营销传播方式。在宣传的时候，企业要充分考虑到多种媒体同时利用的整合传播模式，让目标受众能从更多的媒体上接触到品牌信息，这样产生的效果会更明显。

2.4　创业企业融资管理

2.4.1　创业融资概述

1. 融资的概念

融资是指企业运用各种方式向金融机构或金融中介机构筹集资金的一种业务活动。创业融资即一个初创企业资金筹建的行为与过程，也就是初创企业根据自身的生产经营状况、资金拥有状况以及企业未来经营发展的需要，通过科学的预测和决策，采用一定的方式，从一定的渠道向投资者和债权人筹集资金，组织资金的供应，以保证企业正常生产需要、经营管理活动需要的理财行为。

2. 初创企业的合作模式

常见的创业合作形式主要有以下五种模式。

（1）"导师+弟子"合作制。"导师+弟子"合作制通常是由某技术领域权威科学家带领学科弟子创办的企业，创业所依托的技术成果往往具有较高技术含量和明显的竞争优势，这种模式最大的优点是创业成功率高。

（2）"个人+公司"合作制。"个人+公司"合作制通常由技术持有人与可提供合作资金的企业联合创办。这种创业模式运营的企业成功率较高，仅次于"导师+弟子"合作制模式。

（3）"个人+投资商"合作制。"个人+投资商"合作制通常由技术持有人与民间资本拥有者共同创办。这种创业模式和运作机制在一定程度上类似于"个人+公司"合作制模式，差异在于前者投资方主要是各类所有制企业，后者投资方属于拥有资金的个人。这一创业模式的成功率受投资人个性因素影响较大，成功率一般低于"个人+公司"合作制模式。

（4）同学合伙制。通常是由一帮志同道合的同学联合创办。这种创业模式的前提是创业团队中必须有人能提供或解决创业所需的启动资金，这种模式创业成功率较低。

（5）家族合伙制。通常由一个拥有技术或创意的人在家族全力支持下创办。这种模式成功的关键在于家族必须拥有足够的资金支持创业企业的后续发展，并且能随时为创业者提供合适的家族成员参与企业管理和营销。

五种创业模式对应的优势分析、风险提示、成功概率，及其对应的所需条件见表2-2。

表2-2 五种创业模式所需条件、优势分析、风险提示与成功概率比较

创业模式	所需条件	优势分析	风险提示	成功概率
"导师+弟子"合作制	导师为学科带头人，拥有一项或多项技术发明或成果；有创业激情和一定的整合社会资源能力；在师生关系中具有绝对的权威；弟子队伍技术研究与开发实力较强	企业人力资源成本较低，对企业忠诚度较高，后续技术研发支撑比较有力	管理人员对市场配置的依赖性较强，企业运营的短板往往取决于职业经理人个人素质的高低	最高
"个人+公司"合作制	创业者必须拥有一项或多项在同行业领先或独特的成果；具有一定的企业运营经验，有良好的创业心态与合作意识，具备一定的应对企业可控与不可控危机的能力	企业成熟度高，要素资源整合与匹配合理，企业成长性好，抗风险力较强	企业做到一定规模，技术持有人与投资方存在相互侵吞的隐患；投资方企业人事变更也可导致合作中断	较高

续表

创业模式	所需条件	优势分析	风险提示	成功概率
"个人+投资商"合作制	创业者是专业技术或企业管理领域的行家，熟悉各种创业投资品种、金融工具与合作规律，有广泛的人脉资源；具备良好的诚信品德及人际交往、沟通能力，应对风险能力强	一定程度上能快速解决技术与资本短期对接，有助于市场资源自由匹配	不易解决企业先天管理缺陷，由于双方预期差异，合作局限于短期项目，不大可能涉足于长期投资	一般
同学合伙制	拥有一个志同道合、具有创业激情的团队；成员各有所长，能力互补；能够解决创业启动资金；有成熟的创业项目和规范的企业运营制度	沟通成本较低，信任感较好，在初创未有盈利期能保持较好的合力与冲劲，可安置大学生就业的人数最多	企业运营不规范、股权结构不清晰，企业到一定规模，决策、运营和利益分配矛盾可致企业毁灭	较低
家族合伙制	创业者家族经济股实且愿意为创业者提供经费支持；家族具有较强的凝聚力、资源调配能力和抗风险力，可随时提供企业运营急需的高素质人才	信任感好，人力资源成本较低，企业凝聚力较强	向社会整合资源的能力较差，对家族资金实力，以及家族成员在管理、营销等方面人才依赖性强	较低

2.4.2 创业融资渠道

融资渠道就是指企业筹措资金的方向和通道，体现了资金的来源和流量。了解企业的融资类型和融资方式对企业的生存和发展是极其关键的，特别是对创业企业能否成功创立、顺利发展具有重要的意义。

1. 融资方式和来源

（1）债务融资与权益融资。债务融资是指利用涉及利息偿付的金融工具来筹措资金的融资方法，通常也就是贷款，其偿付只是间接地和企业的销售收入和利润相联系。如果对创业企业的债务结构进行细分，其主要分为直接债务融资和间接债务融资两类。直接债务融资包括业主贷款或主要股东贷款、商业贷款、亲友贷款、内部职工借款、商业票据发行和债券发行。间接债务融资包括商业银行贷款、其他非银行金融等机构贷款、融资租赁等形式。

权益融资无须资产抵押，它赋予投资者在企业中某种形式的股东地位。投资者分享企业的利润，并按照预先约定的方式获取资产的分配权。企业常见的权益融资有两种：一种是通过公开发行或私募发行的方式发行证券；另一种是通过企业内源性融资来获得，也就是把获取的利润不以红利的形式分配给股东，而是将其以股东权益的形式留存在企业内部，用以支持企业的长期发展。

选择融资方式关键的决定因素就是获得资金的可能性、企业的资产以及当时的利率水平。通常创业者会将债务融资和权益融资结合起来，满足自己的资金需求。

（2）内部融资与外部融资。企业使用的资金最为常见的是内部生成的。企业有多种内部资金来源：经营的利润、出售资产的收入、流动资产的削减、支付项目的增加、应收账款的回收等。如果通货膨胀的水平不高，而租赁条款又较宽松，只要可以，就应当租赁资产，而不是购买资产，这将有助于创业者对现金的掌握，而现金在公司经营的起步阶段极为关键。

资金的另一个来源就是企业的外部融资。外部融资的渠道各有利弊，创业者要从资金可用的时间长短、资金成本以及公司控制权的丧失等多方面进行综合考虑，然后选择最佳的融资渠道。创业者在创业之初，对外部融资渠道的选择和利用是相当重要的。

2. 融资渠道

（1）自筹资金。自筹资金是创业初期最基本的筹资途径，其中包括自身存款、亲属资助、朋友及民间借贷。除了自己拥有的资金，通常只有与创业者有良好关系的个人才愿意借出资金，才愿意冒着很大的风险加入创业项目。很多人一创业就想到找风险投资或天使资金，但初始阶段这样做是很难如愿的，只能竭尽全力挖掘自己身边的资源，并尽量低成本起步，支撑创业者走过艰难的起步期。

（2）银行借贷。银行借贷是指银行根据国家政策以一定的利率将资金贷放给资金需要者，并约定期限归还的一种经济行为。银行贷款的种类有很多，对于企业而言主要有经营性贷款和政策性贷款。创业企业由于刚刚起步，企业发展前景不够明朗，市场认可度有待验证，缺乏信用记录、稳定的现金流量和利润，没有满足银行要求的充足的抵押品，很难从银行获得常规的经营性贷款。

银行贷款的优点是利息支出可以在税前抵扣，融资成本低、运营良好的企业在债务到期时可以续贷。缺点是一般要提供抵押（担保）品，还要有不低于30%的自筹资金。由于要按期还本付息，如果企业经营状况不好，就有可能导致债务危机。

（3）风险投资。风险投资是指投资人将风险资本以股权投资的方式，投资于新近成立或快速成长的新兴公司（主要是高科技公司，包括基于创新型商业模式的现代服务企业），以用于该企业技术及其产品的研究开发和市场推广。投资者在承担很大风险的基础上，为所投资企业提供增值服务，旨在促进技术成果尽快商品化、产业化，培育企业快速成长，数年后再通过上市、兼并或其他股权转让方式撤出投资，取得高额投资回报的一种投资过程。风险投资在对拟投资企业价值进行评估的基础上，在所投资企业占据一定股份，并且提出一系列的要求，干预企业的决策和经营管理。

风险投资的基本特征如下。

1）投资对象多为处于创业期的中小型企业，而且多为高新技术企业或现代服务业。

2）投资期限通常为3～5年，投资方式为股权投资，一般会占被投资企业15%～30%的股权，不要求控股权，也不需要任何担保或抵押。

3）投资决策建立在高度专业化和程序化的基础之上。

4）风险投资人一般积极参与被投资企业的经营管理，提供增值服务。

5）由于投资目的是追求超额回报，当被投资企业增值后，风险投资人会通过上市、收购、兼并或其他股权转让方式撤出资本，实现增值后的回收。

（4）天使投资。天使投资是一种非组织化的创业投资形式，是指自由投资者（个人）或非正式风险投资机构（团体）对有发展前景的原创项目构思或初创期小企业进行早期权益性资本投资，以帮助这些企业迅速启动的一种民间投资方式。可以说，天使投资人是"年轻"公司甚至处于起步阶段的公司的最佳融资对象，他们是在创业企业的产品和业务成型之前（即种子期）就可能把资金投入进来的一群人。

那些乐意进行这种高风险早期投资、兼具"冒险家"与"慈善家"双重特征的投资者一方面看重创业企业和创业项目的发展潜力；另一方面也是对社会的一种贡献和回报，他们把这种投资行为看作对社会的一种推动。

1）天使投资的主要特征。

- 天使投资的金额一般较小，而且是一次性投入，对创业企业的审查也并不严格。它更多的是基于投资人的主观判断或者由个人的好恶所决定的。
- 很多天使投资人本身是企业家，了解创业者的难处。
- 他们不一定是百万富翁或高收入人士。天使投资人可能是你的邻居、家庭成员、朋友、公司伙伴、供货商或任何愿意投资公司的人士。
- 优秀的天使投资人不但可以带来资金，同时也能带来一定的资源；如果他们是知名人士，还可提高公司的信誉和影响力。

2）天使投资的运用和发展。天使投资的运用和发展直接推动创业型经济的发育，其有赖于政府、企业与天使投资人的共同努力。

- 对于创业者，关键是风险的控制与天使投资的寻找。首先，需通过有效的途径寻求可能的天使资本，尽可能准备一份有吸引力的商业计划书。知名创业家和天使投资人周鸿祎认为，年轻的创业者在商业计划书方面往往会犯三个错误：喜欢定性的描述，不定量，说得很多，但是没有信息量；绕弯子，不能直接切入到商业核心；常常在假设条件下描述产品的价值。其次，做好风险的控制。初创期的企业很脆弱，如果第一步犯下比较严重的错误或者错失时机，其结局一般只能宣告失败。从天使投资人的角度出发，要尽量避免这种事情发生。产生这种结果的原因可能有三种：一是天使投资人和创业者对这个行业都不熟悉，遇到问题很难随机应变；二是团队本身在对项目进行评估的时候太乐观；三是企业缺乏应对风险的预案。

- 对于天使投资人,关键在于项目的筛选与辅助企业的成长。判断一个创业公司是否值得投资的标准有两个:第一,产品是否真的能够给客户提供价值;第二,创业者本人和团队如何。在投资前一定要看准人,在后来的操作中如果换人,也就意味着投资失败了。同时,对于天使投资人来讲,最重要的还不是资金,而是辅导企业完成从 0 到 1 的蜕变和奠定企业从 1 到 100 的发展基础。天使投资人是一个创业导师的角色,他必须能够指导或帮助企业设计出可行的业务模式和盈利模式,并让企业尽快起飞。专业的天使投资人通常在所投资企业的董事会中占据一个席位,并有可能提供多方面的管理支持。

(5)财税政策支持。鉴于创业企业和中小企业在经济和社会发展中所具有的重要战略地位,针对创业型企业在融资条件上存在的天然不足,财政部门不断加大对中小企业的财税扶持力度,创新扶持方式,积极为中小企业营造公平和宽松的发展环境,助力中小企业走出"融资难"的困境。中央财政先后设立了科技型中小企业技术创新基金、中小企业发展专项资金、中小企业国际市场开拓资金等专项资金(基金),从不同方面引导和支持中小企业发展,资金规模逐年增长。

由于中小企业量大、面广,资金政策与中小企业的实际需求存在较大差距,为更好地拓宽中小企业融资渠道,财政部门还积极改进和创新支持方式:一方面积极促进中小企业信用担保体系建设;另一方面实施创业投资引导基金政策,通过少量财政资金吸引和撬动较大规模的市场资金,扶持中小企业跨越创业阶段的"死亡地带",为中小企业融资探索了一条新路径。

创业者可以通过检索科技部和所在地区的科技部门、生产力中心、高新区管委会或创业服务中心的网站获得关于政府创业基金的信息,成长型的企业还可以通过检索工业和信息化部、发展和改革委员会等部门的网站获取关于政策性产业扶持基金的信息。通常,对于政府鼓励发展的战略性新兴产业,包括环保产业、农业产业等,都可能有一些政策性扶助资金与优惠措施。

(6)其他融资途径。除了上述几种常见的途径之处还有一些其他的融资渠道,如担保融资、小额信贷、供应链融资、集群融资等创新金融工具和产品。创业企业可以通过当地的银行、担保公司、小额信贷机构等了解这些金融服务。

2.4.3 创业融资策略

1. 影响创业投资决策的因素

资金是创业企业从事生产经营活动的"血液",如何筹备企业所需资金是每个创业者首要考虑的内容。每个企业在进行融资方式选择时,必须清楚了解影响企业融资决策的相关因素。

（1）内部因素。影响企业融资决策的内部因素主要包括企业的发展前景、盈利能力、经营和财务状况、行业竞争力、资本结构、控制权、企业规模、信誉等方面的因素。在市场机制作用下，内部因素是在不断变化着的，企业融资决策也应该随着这些内部因素的变化而灵活调整，以适应企业在不同时期的融资需求变化。

（2）外部因素。企业融资决策的外部因素是指对企业融资决策的选择产生影响的外部客观环境，主要包括政治环境、经济环境和科技环境。政治环境是指政治的稳定有利于社会的安定与和谐，可以营造良好的生产氛围，促进创业企业健康平稳发展。经济环境是指创业企业受宏观经济环境因素的影响，在经济增长较快时，企业可以通过发放股票和债券的方式筹集资金，以分享经济发展成果；在经济发展较缓慢时，企业应适当缩小生产规模。科技环境是指科技进步可以提高创业企业的生产能力，增加企业收入。相对地，科技进步也可能导致创业企业的产品和技术贬值，影响企业收入。

2. 创业融资决策的原则

（1）收益与风险相匹配原则。创业企业融资的目的是将所筹资资金投入到企业运行中，最终获取经济收益，实现企业利润最大化。但是在取得收益的同时，企业也会承担相应的风险。创业企业的特点是规模小、抗风险能力低，一旦风险演变为最终的损失，必然会给企业带来巨大的不利影响。因此创业企业在融资时不能只顾眼前利益，应做到收益和风险相匹配。

（2）融资规模量力而行原则。创业企业在决策融资规模时应该非常谨慎，如果融资过多，可能会造成资金闲置浪费，增加融资成本，导致负债过多，增加运营风险；而如果融资不足，又会影响企业正常业务开展。因此，企业在进行融资决策时，主要根据企业对资金的需求、自身的实际条件以及融资的难易程度，量力而行来确定企业合理的融资规模。

（3）融资成本最低原则。在一个成熟的资本市场中，融资成本是决定企业融资与否以及采取何种融资方式的首要因素。不同的融资方式，融资成本悬殊。即便是使用个人融资，表面上看不用支付任何费用，但个人融资存在着进行其他投资选择、获取相应收益的机会，因而其机会成本就是使用成本。所以，创业者应根据自身对资金的需求量按成本最低原则选择融资方式。

（4）融资期限适宜原则。权益性融资一般没有固定的偿还日期，它是终生的投资，能满足企业长期的资金需求，投资者承担可能的收益减少及破产的风险。而债务性融资通常有一定的期限限制，到期后，需要还本付息。创业者可根据自身对资金期限的现实需求来选择融资类型，或者选择综合型的融资组合。

（5）保持企业控股权原则。个人融资是创业者自己的资金，所以对企业控制权没有影响。债务性融资由于债权人无权参与公司的管理决策，从而可保障股东对公司的控制权。相比之下，权益性融资尤其是股权融资将稀释公司股权，会引起公司控股权、控制权、收益分配权和资产所有权等权利的分散。创业者在选择融资方式时，应尽量避免丧失对企业的控制权。

第 2 部分
实践篇

第 3 章
大学生创新创业训练计划项目

本章导读

本章主要介绍大学生创新创业训练计划项目的目的、级别和分类、经费、组织和管理，项目申报要求、项目选题和申报书撰写。读者应在了解项目基本情况的基础上重点掌握大学生创新创业训练计划项目的选题及申报书撰写等内容。

本章要点

- 项目的目的
- 项目申报要求
- 项目选题
- 项目申报书撰写

3.1 认识大学生创新创业训练计划项目

大学生创新创业训练计划项目（简称"大创项目"），是教育部为促进高等学校转变教育思想观念，培养适应创新型国家建设需要的高水平创新人才而实施的计划项目。

3.1.1 认识项目的缘起和目的

1. 项目的缘起

大学生创新创业训练计划项目是教育部在"十二五"期间（2011—2015年）设立的一项举措。该项目在2011年提出，在2012年开始实施。2011年7月1日，教育部发布《教育部 财政部关于"十二五"期间实施"高等学校本科教学质量与教学改革工程"的意见》（教高〔2011〕6号），提出"支持在校大学生开展创新创业训练，提高大学生解决实际问题的实践能力和创新创业能力"。2012年1月20日教育部发布《教育部关于批准实施"十二五"期间"高等学校本科教学质量与教学改革工程"2012年建设项目的通知》（教高函〔2012〕2号），批准北京大学等109所高校实施16300个大学生创新创业训练计划项目，每个项目支持经费1万元。根据上述文件和通知，2012年2月教育部高等教育司发布《教育部关于做好"本科教学工程"国家级大学生创新创业训练计划实施工作的通知》（教高函〔2012〕5号），开始实施大学生创新创业训练计划项目计划。

实际上，在教育部开始设立"全国大学生创新创业训练计划"之前，部分高校已启动"大学生创新创业行动计划"，并已自主设立"大学生创新创业计划项目"。例如，2005年兰州大学就已有"大学生创新创业计划项目"，主办单位是共青团兰州大学委员会。

2. 项目的目的

教育部规划国家级大学生创新创业训练计划的目的是通过实施该计划，促进高校转变教育观念，改革人才培养模式，强化创新创业能力训练，增强学生创新能力和在创新基础上的创业能力，培养适应创新型国家建设需要的高水平创新人才。

创新创业能力是国家培养高水平人才必备的素质之一。要提高创新创业能力，首先需要培养大学生的创新精神和创新意识。创新精神是指要具有能够综合运用已有的知识、信息、技能和方法，提出新方法、新观点的思维能力，并具有进行发明创造、改革、革新的意志、信心、勇气和智慧。创新意识是指人们根据社会和个体生活发展的需要，创造前所未有事物或观念的动机，并在创造活动中表现出创造新事物、新观念或新思想的意向、愿望和设想。具备创新意识和创新精神是创新人才的前提条件。要具备创新精神，首先要具备创新意识，即要有改变传统的思维方式，敢于改变传统、提出问题，思考并提出解决问题的方案。所以说，培养创新意识是培养创新精神和培养创新人才的起点。

创新是一个国家和民族发展的动力，只有不断推陈出新，社会才会不断发展进步；只有具备领先于他人的创新技术，国家和民族才能屹立于世界民族之林。青年人创新具有先天的优势，因为青年人更具备改革创新的能力、信心和意志，更具有不畏失败和不畏艰辛的勇气。大学生是时代的青年，要大胆发问、小心求证、精益求精。作为时代青年的大学生代表着无限的生机和力量；建设自己的祖国，让祖国变得更强大，需要积极向上、勇于创新的每一位时代青年——高校大学生。

3.1.2 认识项目的级别和分类

1. 项目级别

大学生创新创业训练计划项目分国家级和省级两种。国家级和省级项目一般采取同时申报、择优遴选、分级立项的方式进行。

一般来说，按照教育部建立国家、地方、高校三级大学生创新创业训练计划实施体系的要求，高校也会设立校级大学生创新创业训练计划项目。为了鼓励学生积极申报此类项目，有些高校的二级学院还会设立院级项目。校级项目和院级项目数量则分别由学校和学院经评选后根据申报项目数量按比例择优立项，因此该项目就有国家级、省级、校级、院级四个级别。

该项目由高校动员和组织本校学生申报。为了管理和实施方便，一般同时开展，择优分别立项且同时开展结题（即国家级、省级、校级和院级的项目不分开结题）。有些高校会在培育的校级和省级项目基础上，推荐优秀项目的学生团队申报"国创计划"项目，并组织符合条件的团队报名参加中国国际大学生创新大赛（主赛道和"青年红色筑梦之旅"赛道）；或推荐学生、教师申报与企业合作的产学合作创新创业联合基金项目（教育部产学合作协同育人项目）。

2. 项目分类

国家级、省级、校级或院级的大学生创新创业训练计划项目均有三类：创新训练项目、创业训练项目和创业实践项目。

（1）创新训练项目是学生个人或团队在导师指导下，自主完成创新性研究项目设计、研究条件准备和项目实施、研究报告撰写、成果（学术）交流等工作。

（2）创业训练项目是学生团队在导师指导下，团队中每个学生在项目实施过程中扮演一个或多个具体角色，完成编制商业计划书、开展可行性研究、模拟企业运行、参加企业实践、撰写创业报告等工作。

（3）创业实践项目是学生团队在学校导师和企业导师共同指导下，采用前期创新训练项目或创新性实验等成果，提出一项具有市场前景的创新性产品或服务，以此为基础开展创业实践活动。

在类别上，从 2021 年起该项目分为两类：一般项目和重点支持领域项目，即在原来一般项目的基础上新增了重点支持领域项目。新增重点支持领域项目旨在鼓励引导大学生根据国家经济社会发展和重大战略需求，结合创新创业教育发展趋势，在重点领域和关键环节取得突出创新创业成果。在数量上，一般项目，即每年按惯例申报的"国创计划"项目的推荐数额不超过省级大学生创新创业训练计划项目的 1/3；重点支持领域项目推荐数额不超过上一年度"国创计划"立项项目总数的 2%。视项目进展情况，优秀团队可能会被优先邀请参加全国大学生创新创业年会。

除此之外，为了鼓励校企协同育人，2015 年，教育部在大学生创新创业训练计划项目通知中同时发布了有关企业与高校共同实施产学合作国家大学生创新创业训练计划联合基金项目的通知，当年发布了项目实施的组织方式，详见《关于征集 2015 年产学合作专业综合改革项目和国家大学生创新创业训练计划联合基金项目的函》，并在 2016 年发布立项名单文件《关于公布 2015 年产学合作专业综合改革项目和国家大学生创新创业训练计划联合基金项目立项名单的函》（教高司函〔2015〕51 号）。

如果教师和大学生们要与企业合作，也可以申报教育部产学合作协同育人项目。在此项目管理的六类项目中，其中的"创新创业联合基金项目"是由企业提供资金支持高校教师或学生进行创新创业实践的。如果要与企业合作，在申报项目前师生必须了解哪些企业具有提供此类项目申报的资格条件，大学生可以在教育部产学合作协同育人项目系统中注册后查询，选择企业进行项目申报，先向企业负责人（系统中有注明）提交申报书，企业及项目组人员会进行审核，审核结果在教育部产学合作协同育人项目平台可查询。

3. 项目申报方法

"大创项目"一般通过大学生所在高校进行申报。在校大学生可根据学校发布的大学生创新创业项目申报通知进行申报，填写项目申报书，提交给学校各二级学院。由学校进行审核推荐省级和国家级项目，并同时确定校级（如果高校设有校级项目）。有些高校的二级学院会再根据学校推荐的省级和国家级项目、确立的校级项目，再确定自己学院的院级项目。学生只要按照学校通知的时间节点提供申报书或根据通知进行项目答辩即可，确定项目后，再与学校签订项目任务书。

对与此项目类似的另一项目的申报，即教育部产学合作协同育人项目中的"创新创业训练计划联合基金项目"，其申报方式与学校发布的大学生创新创业训练计划项目通知中的申报方式不同。项目申请人可在教育部产学合作协同育人项目系统中下载此类项目申报书。但在填写项目申报书之前最好先确定合作的企业（具备资质的企业名称会在该系统中发布）。大学生与有负责此类项目资质的企业提前沟通，对合作项目和内容提前计划，再填写项目申报书。项目申报书填写完成后，需要向高校该项目的主管部门申请盖章（例如：如果是教务处管理该项目，则向教务处申请盖章）。盖好章后，将申报书上传该系统，企业的项目管理人员会进行审核。项目申报通过企业审批后，项目负责人需要与企业签署合作协议书，协议书可从系统中下载，填写好后再盖上企业和学校的公章，并上传至该系统，相应的管理部门会进行审核。大学生也可以与指导教师一起申报该项目，或者教师作为项目申请人、学生作为参与人进行申报。该项目所有申报材料须通过教育部产学合作协同育人项目网上系统申报，且可查阅进度，须随时关注进度，如果系统反馈申报书或某方面存在问题，须及时解决，直到网上系统再次审核通过，才能进行下一步操作。

3.1.3 认识项目经费、组织和管理

1. 项目经费

国家级大学生创新创业训练计划面向中央部委所属高校和地方所属高校。中央部委所属高校直接参加，地方所属高校由地方教育行政部门推荐参加。国家级大学生创新创业训练计划由中央财政、地方财政共同支持，参与高校按照不低于1∶1的比例自筹经费配套。中央部委所属高校参与国家级大学生创新创业训练计划，由中央财政按照平均一个项目1万元的资助予以经费支持。地方所属高校参加国家级大学生创新创业训练计划，由地方财政参照中央财政经费支持标准予以支持。各高校根据申报项目的具体情况可适当增减单个项目资助经费。国家鼓励各参与高校利用自主科研经费或其他自筹经费增加立项项目。

2. 项目组织实施

教育部要求各地各高校遵循"兴趣驱动、自主实践、重在过程"原则，以大学生创新创业训练计划项目为载体，安排专项经费资助大学生开展项目式学习、科研训练和创新创业训练与实践。

"大创项目"组织工作由教育部高等教育司负责，具体实施单位包括各省区教育行政部门，具体要求：中央部委所属高校直接向教育部高等教育司提交工作方案，非教育部直属的中央部委所属高校同时报送其所属部委教育司（局）。地方教育行政部门将推荐的地方所属高校的工作方案汇总后，一并提交给教育部高等教育司。教育部高等教育司组织专家论证，通过论证后实施。

各高校制定本校"大创项目"的管理办法。规范项目申请、项目实施、项目变更、项目结题等事项管理，建立质量监控机制。要求对项目申报、实施过程中弄虚作假、工作无明显进展的学生要及时终止其项目运行。各高校在公平、公开、公正的原则下，自行组织对项目进行评审，报教育部备案并对外公布。

项目结束后，由学校组织项目验收，并将验收结果报教育部。验收结果中，必需的材料是各项目的总结报告，补充材料为论文、设计、专利以及相关支撑材料。教育部高等教育司在指定网站公布项目的总结报告。

3. **项目管理**

每年，教育部高等教育司一般会在 3 月（或 4 月、5 月）发布当年的国家级大学生创新创业训练计划立项工作的通知，各高校根据教育部通知再发布自己学校的通知，二级学院动员和组织学院学生申报。二级学院收集学生个人或团队的相关项目申报书和汇总表，组织相关人员进行评审，有些学院在进行集中评审前会组织学生团队进行答辩，择优遴选报学校（一般为教务处）审批，学校再组织相关人员进行审批，确定国家级、省级、校级项目，有些学院如果有经费，还会设立院级项目。各高校向相关部门提交备案立项材料，教育部高等教育司当年 8 月或 9 月公布立项名单。

另外，教育部高等教育司在每年 5 月左右发布上一年项目的结题通知，高校根据通知进行结题验收工作。教育部会按照建立国家、地方、高校三级大学生创新创业训练计划实施体系要求，要求各省（区、市）教育厅（教委）统一报送本地的"大创项目"立项和结题项目信息。

高校一般要在 7 月前完成当年该项目的立项和结题项目的验收工作（每年根据通知规定时间完成，时间会有差异）。同时，要求各省（区、市）教育厅（教委）组织高校登录网络平台完成项目立项和结题验收（操作指南一般可在网页的通知公告栏查看下载），以省（区、市）为单位提交国家级与省级大学生创新创业训练计划立项项目汇总表（有附件）和项目结题验收信息。2022 年该项目的要求：各省（区、市）教育厅（教委）完成立项和结题验收后，分别正式行文报送教育部高等教育司（在系统内上传扫描件，无须邮寄纸质版），同时提交 2022 年大学生创新创业训练计划立项情况数据统计表（有附件）和结题验收情况数据统计表（有附件）。立项和结题验收项目报送截止时间一般为当年 6 月底或 7 月底。

教育部高等教育司一般会在当年 8 月份公布"国家级大学生创新创业训练计划项目和重点支持领域项目名单"，公布各类型项目的立项数量。例如，2021 年的创新训练项目 32667 项，创业训练项目 4256 项，创业实践项目 1569 项。要求省级教育行政部门加强本区域大学生创新创业训练计划运行和管理，结合区域经济社会发展特点，深化大学生创新创业教育工作。要求各高校充分发挥国家级大学生创新创业训练计划项目实施和管理的主体地位，加强项目组织管理、落实相关激励政策、提供稳定支持服务、搭建展示交流平台。相关事项，各单位可登录国家级大学生创新创业训练计划平台网站查询。

该项目对申报单位有以下管理要求。

（1）要求各高校根据本校实际情况适当安排创新训练项目和创业训练项目的比例，

并逐步覆盖本校的各个学科门类，要求设立一定数量的创业实践项目。

（2）中央财政支持国家级大学生创新创业训练计划的资金，按照财政部、教育部《高等学校本科教学质量和教学改革工程专项资金管理暂行办法》（财教〔2007〕376号）进行管理。各高校参照出台相应的专项资金管理办法，负责创新创业训练计划项目经费使用的管理。项目经费由承担项目的学生使用，教师不得使用，学校不得截留和挪用。

（3）教育部对各高校实施国家级大学生创新创业训练计划进行整体评价。每年组织一次分组评价，根据评价结果，适度增减下一年度的项目数。

（4）要求高校重视大学生创新创业训练计划对推动人才培养模式改革的重要意义。参与高校要成立由主管教学的校领导牵头负责，由教务、科研、设备、财务、产业、学工、团委等职能部门参与的校级组织协调机构，制定切实可行的管理办法和配套政策，将大学生创新创业训练计划的日常管理工作纳入本科生教学管理体系。

（5）要求大学生创新创业训练计划进入人才培养方案和教学计划。参与计划高校教学管理部门要从课程建设、学生选课、考试、成果认定、学分认定、灵活学籍管理等方面给予政策支持。要把创新创业训练项目作为选修课程开设，同时要组织建设与创新训练有关的创新思维与创新方法等选修课程，以及与创业训练有关的项目管理、企业管理、风险投资等选修课程。

（6）要求重视大学生创新创业训练计划导师队伍建设。对参与大学生创新创业训练计划的学生实行导师制。参与计划高校要制定相关的激励措施，鼓励校内教师担任大学生创新创业训练计划的导师，积极聘请企业导师指导学生创业训练和实践。

（7）要求重视大学生创新创业训练计划实施的条件建设。参与计划高校的示范性实验教学中心、各类开放实验室和各级重点实验室要向参与项目的学生免费提供实验场地和实验仪器设备。参与计划高校的大学科技园要积极承担大学生创新创业训练任务，为参与计划的学生提供技术、场地、政策、管理等支持和创业孵化服务。

（8）要求高校营造创新创业文化氛围。搭建项目学生交流平台，定期开展交流活动。鼓励表现优秀的学生，支持项目学生参加校内外学术会议，为学生创新创业提供交流经验、展示成果、共享资源的机会。学校还要定期组织项目指导教师之间的交流。

3.2　了解大学生创新创业训练计划项目申报要求

了解大学生创新创业训练计划项目的申报要求、结题要求及其他有关项目申报的内容（高校一般将该项目简称为"国创计划"项目或"大创计划"项目，或直接简称为"大创项目"或"双创项目"），以便在申报书撰写时达到事半功倍的效果。

3.2.1 对项目负责人（第一申请人）的要求

国家级大学生创新创业训练计划项目面向本科生申报，原则上要求项目负责人在毕业前完成项目。创业实践项目负责人毕业后可根据情况更换负责人，或是在能继续履行项目负责人职责的情况下，以大学生自主创业者的身份继续担任项目负责人。

3.2.2 对项目申报的要求

各高校一般根据教育部高等教育司下达的通知发布本校的项目申报和结题通知，要求会有所不同。具体申报和结题时，要参考当年年度自己学校下发的文件要求。一般来说，申报要求如下。

（1）全日制本科生均可以组成团队申报。有些高校要求不多，只要学生课余有足够时间和精力参与科研实践，并对科学研究、创造发明或创业有浓厚兴趣，具备从事科学研究或创业的基本素质和能力即可申报。有些学校则要求申报者学习成绩优良。

（2）有些高校对申报学生年级没有要求，有些高校则会有要求。例如，项目申报一般以二、三年级学生为主，四年级学生不可作为项目负责人。创新训练项目、创业训练项目成员人数不得少于 3 人，最多不超过 5 人。创业实践项目成员人数可根据实际需求确定。鼓励来自不同院系、不同专业、不同年级的学生组队申报项目。

（3）每位本科生在校期间只能主持一项国家级或省级"大创项目"，同时可另参与一项或限参加两项。超额申请或参加视为全部项目无效。

（4）创业实践项目的申请者可以是本科生团队，或者由本科生和研究生组成的团队；在能继续履行项目负责人责任的情况下，允许项目负责人毕业后以大学生自主创业者的身份继续担任该创业实践项目负责人。

（5）学校一般鼓励学生在原有项目（如学生研究计划项目、学科竞赛等）的基础上，开展进一步深入研究。对已取得一定成果的在研项目的申报项目，学校予以优先考虑（非限定性）。申报创业实践项目需额外提交企业导师合作指导协议书附于申报书后作为附件。

3.2.3 对项目的要求

（1）项目选题要合适。项目选题要求思路新颖、目标明确，具有创新性和探索性，学生要对研究方案及技术路线进行可行性分析，并在实施过程中不断调整优化。对基于学生研究计划等校级优秀结题项目或已立项且取得明显成果的在研项目的申报项目，需要在申报书中详细说明原有项目取得的成果以及下一阶段研究内容、研究方向和预期成果有何特别创新之处。

（2）学生是项目的主体。参与项目的创新团队，在导师指导下，自主选题设计、自主组织实施、独立撰写结题报告。

（3）每个项目一般选择一位指导教师，也可有两位指导教师，项目指导教师应热心指导学生课外创新和创业活动。学生在申报项目之前应与指导教师充分沟通，选择合适的指导教师。

（4）项目申请人或项目团队在完成项目申报书后，在规定的时间内向所在高校提交申报书，并及时关注高校对该项目申报的有关通知（有些高校会组织项目团队进行答辩，择优立项，并择优让项目团队入驻本校的大学生创新创业活动中心）。高校评审遴选后报省级教育行政部门和教育部审核备案。

（5）创新训练项目、创业训练项目实施时间为1年或2年；创业实践项目实施时间至少2年，最长不超过4年。因为大学生在校时间为4～6年，为了不影响后续的学习计划、见习、实习、考公务员、求职等，建议大学生在规定的1～2年内完成相关研究，及时完成项目设定的任务，并及时撰写结题报告。如果项目的预期成果有论文等，须项目组负责人及早计划撰写。

3.3　申报大学生创新创业训练计划项目

大学生创新创业训练计划项目的申报，主要从项目选题及申报书撰写两个方面准备。

3.3.1　做好准备工作

1. 选择创新项目或创业项目

选择创新项目还是创业项目取决于个人对项目的兴趣和选择。大部分学生选择创新项目，是因为创新项目比创业项目相对容易，只要在研究内容、研究方法、研究思路等某一方面有所创新就能申报。但是，如果已经有了很好的创业想法，又想利用该项目提供的资金做一次创业尝试，当然也可以选择创业训练项目或创业实践项目。

这两类创业项目中，一般先做创业训练项目，创业训练项目结题后，可在创业训练成果基础上申报创业实践项目。当然也可以在创新项目成果的基础上申报创业实践项目。创业训练项目和创业实践项目都与创业相关，都要做创业实践，虽然创业训练项目有模拟的性质，但不同于创新项目，其具有较强的实践操作性。

2. 选题

创新项目的题目可以根据自己的兴趣爱好自主选择，也可以依据指导教师的项目研究课题进行选择。可多与指导教师沟通交流，指导教师要么会推荐选题，要么帮助选题。

当然，如果团队有自己想做的选题，可以根据自己的兴趣爱好自主定题，再找相关指导教师进行指导。做好以下准备将有助于选题。

（1）具备问题意识。"大创项目"一般每年4月申报，高校一般会在新生入学教育时，向学生进行介绍，所以大学生们在入学后要进行积累，多听、多看、多思考，想好了后就可以与志趣相投的同学或校友一起申报（可以是同班同学或同专业，也可以是不同班、不同专业同学）。平时要注意培养问题意识，保持积极的思想态度。

留意学习中遇到的疑问，确定专业方向的研究课题，进行创新性研究。关于专业问题，可以咨询任课教师或者项目指导教师。也可以留意生活、学习中遇到的不便之处，善于发现问题，思考如何利用创新的方法去解决问题。即使是某些已经有解决方案的问题，项目负责人或团队成员也可以思考更优的解决方案，从这些思路去选题和定题。也可以了解地方优势行业及其存在的问题，发现其中值得研究的问题，从而定题。

（2）具备创新意识。当代大学生具有挑战传统观念和传统产业的创新精神和信心，这种创新精神往往造就大学生创新创业的动力。大学生创新创业训练计划项目的关键问题就是他们的项目是否具备创新性。因此，学生团队的创新意识不可或缺，项目的创新可以是研究视角的创新、研究内容的创新、研究方法的创新、技术的创新、概念创新、所研究产品的功能或应用领域的创新等。创新点不必多，一个足矣。

（3）关注社会现实。善于发现社会发展中的新现象、新问题，从中寻找思路。可以选择符合国家建设和发展要求的题目，或与民生相关的热点问题，当然，也可以从自己专业出发选择团队成员感兴趣的题目，或对社会、对国家、对生活、对行业和专业能带来益处的选题，尽量避免不符合国家发展建设要求的选题，避免受负能量题材影响。

（4）查阅和搜集资料。在选题之前，需要阅读相关的文献材料进行定题。可从知网文献库或一些行业平台获取相关数据，有些项目可能需要做相关的市场调查，可以用"问卷星"等网络平台做调查，也可以在自己所在地区的行业市场或学校做相关调查。对于商业创业类选题，最好要先了解市场，进行必要的市场调研，确定选题的可行性。在写申报书时，也要利用上述文献库和平台收集有关选题的研究现状和数据，相关的数据分析要写进申报书中。

3. 组建团队

选择性格、兴趣爱好相投的团队成员是非常重要的，团队成员之间最好在能力和优势上互补，互相帮助，具有团队精神，能分工合作协力完成研究任务。如果选择的项目是创业项目，有企业资金或者自筹资金，也可以在团队成员中增加校外的企业人员或提供资金的合作人员，但成员数不超过项目规定的人数（一般为5人）。

4. 选择指导教师

可以在选题前确定指导教师，也可以在确定选题后确定指导教师。如果项目需要与企业合作完成，一般来说，还要选择企业的指导教师对项目进行指导。

3.3.2 项目申报书写作及案例分析

项目申报书采用填表的形式，主要围绕"要做什么、为什么要做、如何做、有何优势"这四方面来写，主要填写内容和建议如下。

1. 项目名称和项目简介

大学生创新创业训练计划项目的名称尽量简洁清楚，让人一眼就能了解要做什么，最好能体现创新点。

创新训练项目名称可以是传统严肃的研究话题型题目，例如：海丝文化海外传播与语言服务、基于师生共创的政府专项资金绩效评价模式构建与实践。也可以是使用修辞手法的创新性标题，例如：余阳暖心、杏林养老、"举个栗子"打造乡村振兴的齐鲁样板。创业训练和创业实践项目可以类似，例如：山农酥梨——一种好梨，一亩万"利"。也可以冠上产品或服务的商标，例如："归居"线上民宿预订网、香满堂生态酒庄——赣南脐橙第一酒庄。创业项目标题除了要简洁清楚之外，最好能有亮点，这样能吸引人，但更最重要的还是项目计划要吸引看计划书的人或投资人。

项目简介一般限定在200字以内，所以要突出重点，可以先写大概内容，待完成全部项目申报书的内容之后，再来修改"项目简介"。一般项目简介简单说明项目的背景，重点介绍项目要做什么、怎么做，最后说明项目的重要意义，可突出创新点。

2. 申请理由

写"申请理由"，即为什么申请该项目，内容可以涉及理论问题、社会现实问题，项目负责人和团队成员发现问题的过程等。通常会阐述目前的"痛点"问题，因为存在"痛点问题"，才有了解决这一"痛点问题"的预想方案。当然，如果项目的提出与项目负责人或团队成员的背景有关，也可以从负责人和团队成员的知识条件、兴趣特长、工作经历、创业经历、已有的实践创新成果等角度去阐述选择这个项目的理由，突出重点。此外，还可以从项目重要意义的角度阐述申请理由。

3. 项目方案

这部分是项目申报书的主体部分，要紧紧围绕项目"要做什么、如何做"来写。创新训练项目一般介绍项目的背景、目标、内容、实施计划、特色、研究路线、进度安排等。创新训练项目可以是创新研究（理论或实践）项目，与指导教师平常所做的科研项目计划书的内容比较相似，所以指导教师一般都能很好地指导项目书撰写。可以先将项目计划与指导教师进行商量，项目方案的写作内容可以参考一些已经做好的申报书，根据自己项目的内容进行各部分内容填写。

创业项目填写的表格内容一般包括行业及市场前景、创新点与项目特色、生产或运营、管理模式、风险预测及应对措施、效益预测、经费预算、投资融资方案等，主要说清楚项目的产品服务内容、市场分析结果、商业模式、营销策略、财务分析、风险控制、团队情况与分工、经费使用方面的内容（可以选择不同的小标题提示申报书各部分的内容）。

创业项目书在各类创业大赛中非常重要，是创业计划的展示，可以让投资者了解项目的内容、前景和发展、团队的水平和能力，好的计划书能引起投资者的注意。如果拟计划该项目要去参加中国国际大学生创新创业大赛，则最好先了解一下大赛对项目计划书的评审要求，这样能更有针对性地写大学生创新创业训练计划项目申报书（并同时满足项目申报书写作和参赛要求）。这里介绍创业训练项目申报书七项主体部分内容的写作。

（1）行业及市场前景。主要说明自己要做的事情隶属于哪一行业（什么产品或服务），这个行业已有的基础如何、未来发展前景如何（市场分析）。对目前市场和未来市场前景分析一般包括与项目直接相关的行业背景、市场规模、政策法规、发展趋势等分析。在写本部分内容时，建议先进行市场调查，搜集数据。例如：通过问卷、访谈、网络调查等方法获取一手数据，注意样本选取量尽量不要低于 30 份；也可以通过行业统计年鉴、行业报告、其他文献等获取二手资料。本部分最好能说明发现了一个什么痛点，市场分析要写得具体、有针对性，与所要做的事要紧密相关，避免泛泛而谈。

如果已有相关的产品或服务，可对目前市场份额进行简要分析，说明自己项目产品或服务的差异化机会；也可进行 SWOT 分析，列出该项目的优势、劣势、机会、威胁，为市场策略制定提供决策依据。如果有必要，说明目前是做该项目正确的时机。建议多用数据或案例说明，直观且有说服力，能更好地说明市场需求和未来市场前景。

（2）创新点与项目特色。团队要思考、总结、提炼自己项目的创新点（与众不同的地方到底是什么）。思考自己的项目是否符合市场趋势、是否能对接消费痛点、哪些地方与他人所做的相同、哪些地方与他人所做的不同、自己的解决方案为什么比别人更优、优势体现在哪些方面等。

（3）生产或运营（或商业模式）。主要说明团队要做的是件什么事情、如何做这件事情。说明项目的商业运营模式、如何通过运营产生价值，要说明的内容如下。

1）关键的业务（实践内容）是什么，或项目核心任务是什么。

2）项目拥有的资源有哪些，如何利用这些资源完成要做的事情。

3）客户群体是谁，或者说明所做的这件事能帮助谁。

4）客户关系如何建立，如果是产品或服务，说明如何将产品或服务送达用户，销售渠道如何。

5）如何获利，说明如何利用资源能让所做的这件事情进展顺利，并获利。

7）有没有合作伙伴，他们如何帮助你达成目标。

8）需要哪些成本，所需费用结构和收入结构，团队可以解决哪些部分资金，不能解决的部分怎么办等。

如果是产品，可以围绕产品定位，结合市场分析制定营销策略。可分阶段阐述不同策略：产品价格策略、销售渠道策略、促销策略等。也可围绕各阶段的营销目标，从以上三方面选择性阐述，可重点阐述如何做推广、如何快速提高市场占有率（推新、产品低价渗透、网点增加等）、如何应对激烈的竞争。如果是服务＋产品，例如有关健康服务的项目，其服务价值就是提供健康指导；核心的任务可能有线上线下讲座、视频宣传、健康产品推荐或销售等；核心资源是懂得健康调理和健康生活的人员；客户群体是认同健康生活的人群；客户关系可通过公众号文章推送、线下讲座等进行维护；渠道策略是通过朋友圈转发、健康产品网店二维码广告进行宣传，通过公众号订阅课程、团购产品等；重要合作伙伴有健康产品的供应商、微商、推广伙伴等；费用包括公众号的开发维护费、推广费、材料及人工费；收入结构包括课程销售收入、产品销售收入、合作广告收入等。做营销策划时，要思考项目是否符合市场趋势、是否能够对接消费痛点，如果你是客户，你会选择该产品吗？要以客户的视角审视该项目能否帮到客户。

（4）管理模式（团队情况和分工）。说明项目运营后如何管理，例如：团队人员规模和组成，组织结构设置；主要成员的分工、背景和特长、工作流程关系，并说明个人能力与岗位的匹配度；团队的核心竞争优势等。创新创业项目鼓励跨学科跨专业组队，实现互补，凸显团队的优势。如果项目是科技成果转化项目，需说明科技成果的专利人、发明人与团队的关系。

（5）风险预测及应对措施。应预测可能面临的风险，并提出解决方案。内部风险可从团队方面、管理方面、费用、经济纠纷等方面考虑。经济纠纷的避免方式是在工商注册前明确股权比例，持股比例取决于项目的核心要素（技术导向／渠道导向／资本导向／客户导向），掌握核心要素的成员应占有更多股权。外部风险可从用户流失、成本增加、行业转型、恶性竞争等方面考虑。对于大多数的创新创业项目而言，风险还存在于项目不能盈利或因团队成员管理不利造成项目无法达到目标，甚至无法完成。

（6）效益预测。一般写未来 1 年左右项目的预测收支状况，建议不要写未来 3 年，甚至 5 年的财务预估，除非已经是非常成熟的项目。

（7）投融资方案。介绍所需费用结构和收入结构，团队可以解决哪部分资金，还有哪些资金需要什么样的融资方案实现等。如果是有潜力的创业实践项目，可更清楚地规划资金，可以写未来 6 个月或 1 年的融资计划，需要多少资金、用这些资金干什么、达成什么目标、如何分配利润等。

4. 经费使用

要列明完成该项目需要哪些费用，即主要明确该项目获得的资金的使用情况，一般包括调研费、差旅费、会议费、设备购置费、资料费、论文发表费等。如果项目需要定制产品或服务，也可以增加这些费用项目。

5. 申报表填写要求

填写申报书时，一般表格第 2 页有填表要求（参考申报书模板）。

如果是创业训练项目，一般有如下选题供选择：①来学生自主选题，源于自己对课题的长期积累与兴趣；②学生来源于教师科研项目选题；③学生承担社会、企业委托项目选题；④拔尖专项；⑤竞赛专项；⑥研修专项。项目申报团队根据自己的情况选择即可。

如果在写申报书时有支撑材料，例如调查问卷、产品专利证书、与合作单位的合同或协议、工商执照、能反映项目正在筹备中的活动照片、团队成员资质证书等材料复印件，可在申报书后设置附录，附上相关材料。

总之，项目申报书要说清楚四个问题：一是痛点问题所在，痛点是什么？目前有解决方案吗？有什么样的解决方案？为什么不好？二是解决方案，即有什么新的解决方案？三是创新点，即用什么新方法来解决问题？你的解决方案不同于前人解决方案的地方在哪？四是除了说明团队做什么、为什么做，还要说明你们团队是一个什么样的团队？为什么要选择你们团队来做？优势是什么？项目会有什么风险吗？如何规避风险？

如果是创业训练和创业实践项目，一定要思考投资人可能最关注什么问题，这些需要在项目书中进行重点阐释。例如：产品或服务的核心竞争力，必要时利用市场调研数据来说明，尽量用图表说明自己的竞争策略，或通过与竞争对手的对比说明自己的优势，或用商业模式来深挖项目的创新和亮点。创业实践项目一般是有前期创新创业训练基础的项目，项目在前 1~2 年间会有运营数据，要通过数据来判断解决方案是否合理，是否需要修改。

大学生创新创业训练计划项目重要的是项目的可行性、创新性，此外，创业项目也重视盈利性。项目书填写好后，一定要检查内容是否填写完整，是否有逻辑，格式是否规范，表述是否简洁、一目了然。好的项目，也要有完整详细、清楚的申报书，才可能被优中取优。

6. 其他注意事项

大学生创新创业项目除了要有好的创意，还在于团队成员的执行力。任何项目都需要学生去实践完成，团队成员执行效果如何，在项目过程中遇到问题时如何解决，如何让项目落地并顺利完成，这些都需要一个齐心协力的团队。所以好的项目书要体现团队成员具有强有力的执行力和协作能力。

在项目方面，有些项目为低成本创业，可能没有融资需要，但如果想做成规模化生产经营，就会有融资需求。创业项目团队后期如果需要更多经费支持，可以开拓新思路，多渠道筹集资金，例如利用企业赞助、自筹资金，也可利用风险投资或银行贷款，但避免盲目借贷。

大学生长期生活在校园里，对社会缺乏了解，尤其是在市场开发和企业运营方面，容易陷入纸上谈兵的误区，所以大学生创业前要做好充分准备。一方面，大学生应该多参加社会实践、企业工作或实践，积累相关的营销和管理经验；另一方面，积极参加创新创业培训，积累创业知识，接受专业指导，提高创业成功率。从高校人才培养角度来看，高校通过创新创业培训，增加"大创项目"数量，提高应用型创新型人才培养质量。

第 4 章
"挑战杯"竞赛

本章导读

"挑战杯"竞赛包含两个并列项目:"挑战杯"中国大学生创业计划竞赛和"挑战杯"全国大学生课外学术科技作品竞赛。本章主要介绍两个竞赛的目的与流程、竞赛对象与奖项、竞赛要求、竞赛备战技巧、评审标准,项目申报要求、竞赛选题和申报书撰写。读者应在了解竞赛基本情况的基础上重点掌握"挑战杯"竞赛的选题及申报书撰写等内容。

本章要点

- 竞赛的目的
- 竞赛要求
- 竞赛选题
- 竞赛申报书撰写

4.1 备战"挑战杯"中国大学生创业计划竞赛

4.1.1 了解竞赛目的与流程

1. 竞赛起源

创业计划竞赛源于美国,又称商业计划竞赛。自 1983 年德州大学奥斯汀分校举办首届创业计划竞赛以来,包括麻省理工学院、斯坦福大学等世界一流大学在内的十多所大学每年都举办这一竞赛。创业计划竞赛大大推动了美国高科技产业的发展,甚至从某种意义上说,创业计划竞赛已成为美国经济发展的直接驱动力之一。在美国,它不仅催生了闻名世界的"硅谷",而且在大学的创业氛围中诞生了 Yahoo!、Netscape、Excite 等高科技公司,使创业计划竞赛风靡全球高校。竞赛坚持育人宗旨,引导大学生在专业学习和课外学术科技创作基础上,围绕一项具有市场潜力的产品或服务,组成优势互补的创业小组,形成规范系统、具有可操作性和说服力的商业计划,通过参加培训和比赛,不断完善项目设计,吸引风险投资介入,进而催生高新科技创业公司的实践活动。

1999 年,由共青团中央委员会、中国科学技术协会、中华全国学生联合会主办,清华大学承办的首届"挑战杯"中国大学生创业计划竞赛汇集了全国 120 余所高校的近 400 件作品,产生了良好的社会影响。现在该项赛事由共青团中央委员会、中国科学技术协会、教育部、中华全国学生联合会主办,已经成为大学生课外科技文化活动中一项具有导向性、示范性和群众性的创新创业竞赛活动,每两年举办一届。"挑战杯"中国大学生创业计划竞赛在广大高校乃至社会上产生了广泛而良好的影响,被誉为当代大学生科技创新的"奥林匹克"盛会,分设科技创新和未来产业、乡村振兴和脱贫攻坚、城市治理和社会服务、生态环保和可持续发展、文化创意和区域合作五个组别。

2. 竞赛目的

"挑战杯"中国大学生创业计划竞赛深入学习贯彻习近平新时代中国特色社会主义思想,聚焦为党育人功能,从实践教育角度出发,引导和激励高校学生弘扬时代精神,把握时代脉搏,将所学知识与经济社会发展紧密结合,培养和提高创新、创造、创业的意识和能力,并在此基础上促进高校学生就业创业教育的蓬勃开展,发现和培养一批具有创新思维和创业潜力的优秀人才。大力实施"科教兴国"战略,努力培养广大青年的创新、创业意识,造就一代符合未来挑战要求的高素质人才,已经成为实现中华民族伟大复兴的时代要求。作为学生科技活动的新载体,创业计划竞赛必将在培养复合型、创造型人才,促进高校产学研结合,推动国内风险投资体系建立方面发挥出越来越积极的作用。学生通过参加创业计划竞赛，可以获得创业的知识和技能体系、形成具有实验性的创业合作伙伴、建立创业的商业关系网络、建立创业的良好媒体关系、获得宝贵的交流机会、培养团队精神、提高综合素质、获得终身受益的经历。

3. 竞赛流程

大赛分为校级初赛、省级复赛、全国决赛。校级初赛由各校组织，广泛发动学生参与，遴选参加省级复赛项目。省级复赛由各省（自治区、直辖市）组织，遴选参加全国决赛项目。全国决赛由全国组委会聘请专家根据项目社会价值、实践过程、创新意义、发展前景和团队协作等综合评定。大赛期间组织参赛项目参与交流展示活动。

4.1.2　了解竞赛对象与奖项

1. 竞赛对象

在举办大赛决赛的当年6月1日以前正式注册的全日制非成人教育的各类普通高等学校在校专科生、本科生、硕士研究生（不含在职研究生）可参加。硕博连读生、直接攻读博士生若在举办大赛决赛的当年6月1日前未通过博士资格考试的，可以按硕士研究生学历申报作品；没有实行资格考试制度的学校，前两年可以按硕士研究生学历申报作品；本硕博连读生，按照四年、二年分别对应本、硕申报。博士研究生仅可作为项目团队成员参赛（不作为项目负责人）且人数不超过团队成员数量的30%。

另外，职业院校学生包括在举办大赛决赛的当年6月1日以前正式注册的全日制职业教育本科、高职高专和中职中专在校学生。

2. 竞赛奖项

凡申报参赛的作品必须是没有参加过全国"挑战杯"创业计划竞赛的作品，并且格式和内容符合要求。全国评审委员会对各省（区、市）报送的参赛作品进行复审，评出参赛作品总数的90%左右进入决赛。竞赛决赛设金奖、银奖、铜奖，各等次奖分别约占进入决赛作品总数的10%、20%和70%；各组参赛作品获奖比例原则上相同。

全国评审委员会将在复赛、决赛阶段，针对已创业（甲类）与未创业（乙类）两类作品实行相同的评审规则；计算总分时，将视已创业作品的实际运营情况，在其实得总分基础上给予1%～5%的加分。

4.1.3　了解竞赛要求

1. 参赛基本要求

参赛项目应有较高立意，积极践行社会主义核心价值观；应符合国家相关法律法规规定、政策导向；应为参赛团队真实项目，不得侵犯他人知识产权，不得借用他人项目参赛；存在剽窃、盗用、提供虚假材料或违反相关法律法规的，一经发现将取消参赛相关权利并自负一切法律责任。已获往届"挑战杯"中国大学生创业计划竞赛、"创青春"全国大学生创业大赛、"挑战杯——彩虹人生"全国职业学校创新创效创业大赛全国金奖（特等奖）、银奖（一等奖）的项目，不可重复报名。

2. 参赛项目申报

按普通高校和职业院校分类申报，每所学校限参加一类。聚焦创新、协调、绿色、开放、共享五大发展理念，设五个组别。

（1）科技创新和未来产业：突出科技创新，在人工智能、网络信息、生命科学、新材料、新能源等领域，结合实践观察设计项目。

（2）乡村振兴和脱贫攻坚：围绕实施乡村振兴战略和打赢脱贫攻坚战，在农林牧渔、电子商务、旅游休闲等领域，结合实践观察设计项目。

（3）城市治理和社会服务：围绕国家治理体系和治理能力现代化建设，在政务服务、消费生活、医疗服务、教育培训、交通物流、金融服务等领域，结合实践观察设计项目。

（4）生态环保和可持续发展：围绕可持续发展战略，在环境治理、可持续资源开发、生态环保、清洁能源应用等领域，结合实践观察设计项目。

（5）文化创意和区域合作：突出共融、共享，紧密围绕"一带一路"和"京津冀""长三角""粤港澳大湾区""成渝经济圈"等经济合作带建设，在工艺与设计、动漫广告、体育竞技和国际文化传播、对外交流培训、对外经贸等领域，结合实践观察设计项目。

3. 参赛形式

以学校为单位统一申报，以项目团队形式参赛，每个团队人数原则上不超过10人，每个项目指导教师原则上不超过3人。对于跨校组队参赛的项目，各成员须事先协商明确项目的申报单位，各省级组织协调委员会最终明确项目的申报单位。全国决赛报名截止后，只可进行人员删减，不可进行人员顺序调整及人员添加。

参赛项目涉及知识产权的，在报名时须提交具有法律效力的发明创造或专利技术所有人的书面授权许可、项目鉴定证书、专利证书等。

对于已工商注册的项目，在报名时可提交相关证明材料（含单位概况、法定代表人情况、营业执照复印件、税务登记证复印件、组织机构代码复印件、股权结构等材料）。已工商注册项目的负责人须为企业法人代表。企业法人代表在通知发布之日后进行变更的不予认可。

参赛项目可提供项目实践成效、预期成效等其他相关材料（包括项目的社会效益、经济效益、带动就业情况等）。

参赛项目涉及动植物新品种的发现或培育、国家保护动植物的研究、新药物等的研究时，申报者可根据实际情况提供有关证明材料。

4.1.4 掌握技巧、备战竞赛

1. 第一阶段：经验学习

（1）组建一个包括技术人才和管理人才在内的具有综合性技能的团队；组建起来的团队成员每人有相应的能力，同时又能灵活、协调、有效地工作，这是历届胜出团队的经验总结。

（2）开发出一种盈利模式，而不仅仅是一项发明。"仅仅说明你的产品或服务的性质还不够，还要清楚地阐明谁、为什么、在哪里、什么时候、如何使用这些关键问题。技术方面的东西不论如何具体，都不能取代清楚明确的市场营销方案。"这是往届胜者的经验之谈。

（3）从各方面人士那里获取忠告，不论他们是同学、教师还是竞争对手或家庭成员。

（4）分析顾客，他们在寻找什么？

（5）分析竞争对手，你有什么他们不及的长处？

（6）展示你有能力获得一种持续的、有竞争力的优势，例如能够设立市场进入障碍或是拥有自主知识产权，使得对手们无法夺取市场。"千万记住告诉评审专家们，哪些人是你的顾客，他们如何能够从你的产品或服务中得到好处"，一位往届评审专家如是说。

（7）写作的文字要直接、中肯，记住评审专家们会认真阅读所提交的文字。"要花费足够的时间和精力来撰写创业方案提要和创业方案全文，要竭尽全力，要严肃认真对待之"，这是另一名往届胜出者的体会。

（8）制定创业方案和时间安排时一定要实事求是、有根有据，注意避免好高骛远、不着边际。

（9）不要刻意在技术方面、质量方面和价格方面展开竞争。

（10）评审专家们就如潜在投资者，能够吸引他们的是如何分析出一个市场空间，他们喜欢的是潜力巨大、增长快速的业务。

2. 第二阶段：创业构思

作为创业家，现在应该认真思考以下问题。

（1）市场机遇与开发谋略。社会面临什么问题？准备以什么产品或服务来解决这个（些）问题？产品或服务的潜在销售额有多大？如何创造这些销售额？首批顾客何在？

（2）产品与服务构思。产品或服务如何能够针对真正的顾客需要，帮助解决他们面临的实际问题？如何销售自己的产品或服务？收入来自何处？要撰写构思的产品或服务的简介，以便向潜在顾客展示。

（3）竞争优势。谁将是竞争对手？产品或服务与竞争对手的相比，在使用价值、生产成本、外观设计、上市时间、战略联盟、技术创新、同类兼容等方面有何长处？

（4）经营团队。如果团队已组织好，可以用一自然段说明各成员在其中承担何种角色，以及在这种角色方面已经具有的背景。如果团队仍未组织好，可以说明构成经营班子所需的人才与技能。然后，认真思考和回答下述问题。

1）所说的业务是否具有高速增长的潜力？
2）所说的业务能否抵御竞争对手的竞争？
3）所说的业务需要多少前期投资？
4）所说的业务需要多长时间才能将产品推向市场？
5）所说的业务是否具有成为该市场领先者的潜力？
6）所说业务的创意目前阶段开发得如何？
7）经营这项业务的团队队员的素质水平与技能互补如何？
8）凭什么说此项业务在今后三年能够茁壮成长？

3. 第三阶段：市场调研

（1）顾客调研。
（2）竞争对手调研。

4. 第四阶段：方案起草

（1）阐述市场、目标与谋略。
（2）介绍团队。
（3）预算财务。
（4）创业方案全文。

5. 第五阶段：答辩准备

要竭尽全力推介风险创业方案。这可能是参赛者的创业方案面临的第一次，甚至是最后一次展示机会。讲解方案要高度集中于创业中的关键要点，但也并非只是为创业方案提要中的各点进行辩护。要尽量利用视听设施来吸引观众。要用精确的市场分析和可靠的数据来说服投资家们，而对于讲解中没有提到的问题，要估计到他人可能提问，准备答辩。

4.1.5 创业计划竞赛评审标准

1. 预赛评审标准

预赛没有答辩仅有书面评审环节，总分为100分，由以下几部分构成。

（1）市场机会（40%）。主要评审指标：市场规模、快速发展潜力、产业生命周期。
（2）商品/商业构想（35%）。主要评审指标：独创性、技术含量、技术优势及持续性、市场价值、进入壁垒。
（3）管理能力（10%）。主要评审指标：管理团队人员构成及素质、创业信念、实施计划的能力。

（4）财务方面（15%）。主要评审指标：资金需求、收益预测、退出策略。

2. **复决赛评审标准**

复决赛主要由书面得分和答辩得分两部分构成，书面得分占总分的60%，答辩得分占总分的40%。

（1）书面评审标准。

1）概要（10%）：清晰、简洁、重点突出、具吸引力。

2）公司（5%）：商业目的、公司性质、公司背景及现状、创业理念、全盘战略目标。

3）产品/服务（10%）：描述、特征、商业价值、需求、技术含量、发展阶段、所有权状况。

4）市场及营销策略（10%）：市场描述、竞争分析、市场细分、市场定位、定价、营销渠道、促销方式。

5）经营（10%）：产品生产/服务计划、成本、毛利、经营难度、资源要求。

6）管理（10%）：关键人物背景、组织结构、人力需求、角色分配、实施战略能力。

7）财务分析（10%）：财务报表清晰明了；与计划实施同步：第1年月报、第2～3年季报、第4～5年年报。

8）回报（10%）：以条款方式提供所需投资、利益分配方式、可能的退出战略。

9）可行性（20%）：市场机会、竞争优势、管理能力、投资潜力。

10）简洁/清晰（5%）：是否少有冗余。

（2）答辩评审标准。

1）陈述（65分）。

- 产品/服务介绍（15分）：全面且客观地介绍和评价产品/服务的特点、性质和市场前景。
- 市场分析（10分）：对市场进行了细致的调查，并对调查结果加以严密和科学的分析，从而体现出该产品/服务的可行性、先进性。
- 公司战略及营销战略（10分）：公司拥有短期和长期发展战略及应对不同时期的营销战略。
- 团队能力和经营管理（5分）：对本公司的团队能力有清晰的认识。掌握并熟知本团队经营管理的特点，明确公司经营和组织结构情况。
- 企业经济/财务状况（10分）：公司不同经营时期的经济/财务状况均清晰明了，财务报表具有严密性。
- 融资方案和回报（5分）：有完善且符合实际的企业融资方案，并进行企业的资本回报的测算。

- 关键的风险及问题的分析（10分）：对企业在经营中可能遇到的关键风险和问题进行先期考虑和分析，并附有实质性的对策。

2）回答提问（20分）。

- 正确理解评委提问（5分）：对评委问题的要点有准确的理解，回答具有针对性而不是泛泛而谈。
- 及时流畅做出回答（5分）：能在评委提问结束后快速回答，回答内容连贯、条理清楚。
- 回答内容准确可信（5分）：回答内容建立在准确的事实和可信的逻辑推理上。
- 特定方面的充分阐述（5分）：对评委特别指出的方面能做出充分的说明和解释。

3）整体表现（15分）。

- 整体答辩的逻辑性及清晰程度（5分）：陈述和回答提问的内容具有整体一致性，语言清晰明了。
- 团队成员协作配合（5分）：团队成员在陈述时有较好的配合，能协调合作，彼此互补，对相关领域的问题能阐述清楚。
- 在规定时间内有效回答（5分）：在规定时间内回答评委提问，无拖延时间的行为。

4.2 备战"挑战杯"全国大学生课外学术科技作品竞赛

4.2.1 了解竞赛作用与价值

"挑战杯"全国大学生课外学术科技作品竞赛（以下简称"挑战杯"竞赛）是由共青团中央委员会、中国科学技术协会、教育部、中华全国学生联合会和地方政府共同主办，国内著名大学、新闻媒体联合发起的一项具有导向性、示范性和群众性的全国竞赛活动。自1989年首届竞赛举办以来，"挑战杯"竞赛始终坚持"崇尚科学、追求真知、勤奋学习、锐意创新、迎接挑战"的宗旨，在促进青年创新人才成长、深化高校素质教育、推动经济社会发展等方面发挥了积极作用，在广大高校乃至社会上产生了广泛而良好的影响，被誉为当代大学生科技创新的"奥林匹克"盛会。历经十七届，"挑战杯"竞赛已经形成以下价值。

（1）吸引广大高校学生共同参与的科技盛会。从最初的19所高校发起，发展到1000多所高校参与；从300多人的小擂台发展到200多万大学生的竞技场，"挑战杯"竞赛在广大青年学生中的影响力和号召力显著增强。

（2）促进优秀青年人才脱颖而出的创新摇篮。竞赛获奖者中已经产生了 2 位长江学者，6 位国家重点实验室负责人，20 多位教授和博士生导师，70% 的学生获奖后继续攻读更高层次的学历，近 30% 的学生出国深造。他们中的代表人物有第二届"挑战杯"竞赛获奖者、国家科技进步一等奖获得者、中国十大杰出青年、北京中星微电子有限公司董事长邓中翰，第五届"挑战杯"竞赛获奖者、"中国杰出青年科技创新奖"获得者、安徽中科大讯飞信息科技有限公司总裁刘庆峰，第八届、第九届"挑战杯"竞赛获奖者、"中国青年五四奖章"标兵、南京航空航天大学 2007 级博士研究生胡铃心等。

（3）引导高校学生推动现代化建设的重要渠道。成果展示、技术转让、科技创业，让"挑战杯"竞赛从象牙塔走向社会，推动了高校科技成果向现实生产力的转化，为经济社会发展作出了积极贡献。

（4）深化高校素质教育的实践课堂。"挑战杯"已经形成了国家、省、高校三级赛制，广大高校以"挑战杯"竞赛为龙头，不断丰富活动内容，拓展工作载体，把创新教育纳入教育规划，使"挑战杯"竞赛成为大学生参与科技创新活动的重要平台。

（5）展示全体中华学子创新风采的亮丽舞台。中国香港、中国澳门、中国台湾众多高校积极参与竞赛，派出代表团参加观摩和展示。竞赛成为两岸四地青年学子展示创新风采的舞台，增进彼此了解、加深相互感情的重要途径。

4.2.2　了解竞赛对象与奖项

1. 竞赛对象

凡在举办竞赛终审决赛的当年 6 月 1 日以前正式注册的全日制非成人教育的各类高等院校在校专科生、本科生、硕士研究生（不含在职研究生）都可申报参赛。

2. 竞赛奖项

参赛的自然科学类学术论文、哲学社会科学类社会调查报告和学术论文、科技发明制作三类作品各设特等奖、一等奖、二等奖、三等奖。各等次奖分别约占各类入围作品总数的 3%、8%、24% 和 65%。本专科生、硕士研究生两个学历层次作者的作品获奖数与其入围作品数成正比例。科技发明制作类中 A 类和 B 类作品分别按上述比例设奖。全国评审委员会对各省级组织协调委员会和发起高校报送的参赛作品进行预审，评出 80% 左右的参赛作品入围获奖作品，评出入围作品中的 65% 获得三等奖，其余 35% 进入终审决赛。在终审决赛中评出特等奖、一等奖、二等奖。

4.2.3　了解竞赛要求

1. 参赛项目申报

申报参赛的作品必须是距竞赛终审决赛当年 6 月 1 日前两年内完成的学生课外学术

科技或社会实践活动成果，可分为个人作品和集体作品。申报个人作品的，申报者必须承担申报作品 60% 以上的研究工作，作品鉴定证书、专利证书及发表的有关作品上的署名均应为第一作者，合作者必须是学生且不得超过 2 人；凡作者超过 3 人的项目或者不超过 3 人，但无法区分第一作者的项目，均须申报集体作品；集体作品的作者必须均为学生。凡有合作者的个人作品或集体作品，均按学历最高的作者划分至本专科生或硕士研究生类进行评审。

毕业设计和课程设计（论文）、学年论文和学位论文、国际竞赛中获奖的作品、获国家级奖励成果（含本竞赛主办单位参与举办的其他全国性竞赛的获奖作品）等均不在申报范围之列。

2. 参赛形式

申报参赛的作品分为自然科学类学术论文、哲学社会科学类社会调查报告和学术论文、科技发明制作三类。自然科学类学术论文作者限本专科生。哲学社会科学类社会调查报告和学术论文限定在哲学、经济、社会、法律、教育、管理 6 个学科。科技发明制作类分为 A、B 两类：A 类指科技含量较高、制作投入较大的作品；B 类指投入较少，且为生产技术或社会生活带来便利的小发明、小制作等。

参赛作品必须于申报前将作品项目名称、参赛学生和指导教师等关键信息在校内官方网站主页上进行不少于 5 天的公示，并将公示截图随作品一同报送。

每个学校选送参加竞赛的作品总数不得超过 6 件，每人限报 1 件，作品中研究生的作品不得超过作品总数的 1/2。参赛作品须经过本省（自治区、直辖市）组织协调委员会进行资格及形式审查和本省（自治区、直辖市）评审委员会初步评定，方可上报全国组委会办公室。各省（自治区、直辖市）选送全国竞赛的作品数额由主办单位统一确定。每所发起学校可直接报送 3 件作品（含在 6 件作品之中）参加全国竞赛。

4.2.4 掌握技巧、备战竞赛

1. "挑战杯"竞赛选题的基本原则

（1）战略性。选题应展示申报者对我国经济、政治、文化、社会和生态文明建设中所亟待解决的重大理论和实际问题的把握程度。

（2）独创性。选题应展示申报者研究某一问题的独特视角，体现出选题角度的创新性。树立创新意识是选题的根本，创新是科研工作的灵魂。申报者应把视线瞄准那些前人或他人曾经做过的研究，在此基础上提出新问题或新理论，使该问题有新的发展。

（3）前瞻性。选题应展示申报者对自己所在学科领域中的学术前沿问题的把握程度。如社会建设（人与人关系的生产与再生产）、文化建设（价值的生产与再生产）、社会结构与经济建设（物的生产与再生产）、社会管理、就业等问题。

2. "挑战杯"竞赛选题的来源

（1）从党的重大会议报告中选题。党的二十大报告所提出的完善分配制度、实施就业优先战略、健全社会保障体系、推进健康中国建设、高质量教育体系、农业农村优先等民生问题可以作为的选题的重要来源。2023年全国两会中所提出的全面贯彻新发展理念、加快构建新发展格局，着力推动高质量发展等也可以作为的选题的重要来源。

（2）从党的高层领导人的重要讲话中选题。党的十八大以来，以习近平同志为主要代表的中国共产党人，坚持把马克思主义基本原理同中国具体实际相结合、同中华优秀传统文化相结合，科学回答了新时代坚持和发展什么样的中国特色社会主义、怎么样坚持和发展中国特色社会主义等重大时代课题，创立了习近平新时代中国特色社会主义思想。通过系统学习习近平新时代中国特色社会主义思想，我们可以找到很多重要选题，如习近平总书记《在全国脱贫攻坚总结表彰大会上的讲话》提出乡村振兴是实现中华民族伟大复兴的一项重大任务，乡村振兴就可以作为非常重要的选题来源。

（3）从社会关注的热点问题中选题。社会关注的热点问题既反映了社会心态，又从一个侧面反映了日常生活世界的真实面貌，亟须我们做出科学的理论解释，因而可以作为的选题的重要来源。例如，食品安全、新农人、大学生就业、社会管理等均是当前社会关注的热点问题，可作为选题的来源。

（4）从电视、报刊、网络等报导的新闻事件中选题。电视、报刊、网络、广播报导的新闻事件往往是社会心理的航标。其中，有些是社会普遍关注的热点问题，有些是尚未引起社会普遍关注的潜在热点问题，但很有深入研究的价值。这就要求我们看电视、上网都要带着专业的"头脑"，善于思考，进行深度挖掘。

（5）从听课、听讲座中选题。对于一个认真读书的大学生而言，听教师讲课不仅仅是记笔记，而是一个与教师思想交流的过程。也许教师说的某一句话、举的某一个事例都可碰撞出思想的火花，成为重要的选题来源。这就是在网络教育高度发达的今天，我们仍需要传统的课堂教学的重要原因。

学校从国内外邀请来做讲座的专家一般是某一学科领域中较有影响的学者，他们有着不同于普通学者的思维方式、学术背景，他们的讲座往往会给我们一种思维方式上的震撼和学术观点上的启迪，也可以成为选题来源。

（6）从参加的社会实践活动中选题。大学生参加社会实践活动的目的不仅仅是积累工作经验、体验社会生活或赚钱，更重要的是在社会实践活动中思考、领悟人生、透视社会。因此，大学生在社会实践活动中所遇到的人、事、物等均可成为选题的重要来源。

3. "挑战杯"竞赛选题的方法

（1）思辨选题法。思辨选题法是运用思辨分析的方法将意念萌动、意念引申、意念审查升华为选题。灵感触发、非理性意念萌发、潜意识冲动的思辨过程，是对已有的权威观点持分析的、批判的态度，是对前人研究不足和错误的发现。思辨选题法需要具有敏锐的洞察力，即把观察问题和已知的知识联系起来思考，联系其相似性、特异性。思辨选题法的本质是求变、求异，是从老题目、旧题目中多角度地开发选题，是通过多角度的思辨从不同的侧面、不同的方法去考察、分析选题，在老题目、旧题目上有所发现、有所突破。思辨选题法从不同侧面开发了选题的多维性，甚至可以开辟、形成一种新的学说、一个新的领域。思辨选题法通过新视角考察、新材料发掘、新技术新方法开发老题目、旧题目，能够产生"人云亦云我不云，老生常谈我不谈"的突破性效果，能够形成开云见日、不落俗套、别开生面的选题风格。

（2）移植选题法。移植选题法是将其他学科的观点应用到选题所研究的领域。移植就是学科与学科之间相互交叉、相互渗透的统一，就是学理与方法的统一。但由于选题取向的不同，题目的内涵或是偏于甲学科、或是偏于乙学科，可以有所侧重。移植的目的是要寻求新题目的回应、启发，为新题目的产生、形成提供解说。不同学科可以相互联系、相互结合、相互影响、相互借鉴，由此引发为跨学科的题目。当下，各学科新的研究成果不断涌现，学术探讨活跃，复合型人才辈出，各类型研究成果与选题开发互为条件、互相促进，为移植选题法提供了良好的学术气氛和广阔的空间环境。

（3）逆向选题法。逆向选题法是逆风向、逆潮流而动，摆脱思维定式禁锢、打破常规范式影响，转到方向相背或相去甚远的方面选题。逆向选题法要具有逆向思维、发散思维和求异意识，积极寻找那些被人们忽视的领域和问题，往往会在一些边界领域、交叉学科发展选题。同时，还要具备对已有立论和错误观点提出质疑的勇气和洞察力。质疑不仅要提出自己的疑问，还要指出矛盾、解决问题，也可提出自己的主张和观点，其目的在于修正失误，使科学沿着正确的轨道发展。因此，在选题上可考虑对立论的科学性、论点的准确性、论据的可靠性、概念的周延性、资料的确凿性、结论的信服性提出怀疑、否定、排除、诘问等。不随波逐流才能思考深层次的题目，才会向蕴藏丰厚而又处于盲区的富矿开发。逆向选题需要具有厚积薄发的功力，需要瞄准、抢先，针对空白点、模糊点捷足先登、独辟蹊径。

（4）延伸选题法。延伸选题法是对已有题目的延续和扩展，通过借鉴、参考他人研究思路和原创成果，进一步开拓选题的内涵与外延。延伸需要摆脱对固有研究成果的迷信和保守，只要不断总结、整理前人的思想和思路，将考察、审视条理化、逻辑化，选题延伸就会产生新的源泉。延伸选题不是一目了然的简单过程，而是不断调查研究、综合分析、苦苦追寻的艰难历程。这就需要培养如醉如痴的探索精神和迷恋不舍的研究情怀。延伸选题的悟性和灵性来源于痴、迷、悟的境界，只有深沉思考和全力投入才会蓦然发现延伸的亮点，才能见别人所未见、选他人所未选，使选题的延伸历久常新。

（5）热点选题法。热点选题法是学界关注的焦点、热门题目。热点选题法并非人云亦云、随流跟风，而是在尚温未热时已洞察、切入了将热的选题，在及时捕获有关信息、预见未来、抢抓先机的基础上超前选定题目。这样才能在题目渐热时推出自己的研究成果，从而使发表的论文和学术观点较早地得到学界的关注、评价和认可。这种运筹帷幄、准确选题的素质和能力来源于三个方面的积累与互动：一是学习的积累，需要的是刻苦学习和厚重积累，这在科学研究中占有不可替代的重要位置；二是信息的开发，需要的是情报意识和辨别能力，在信息时代情报既多又少，关键在于准确地分析与筛选；三是学术的交流，需要的是本专业及各学科间的不断交流，包括访谈、咨询、会议等多种途径。有了以上三个方面的努力，才会具有较强的感应素质和快速的反应能力，才能抓住题目的准确性、时效性、参与性、现实性和可能性，使热点选题更胜一筹。

（6）"专小"选题法。"专小"选题法是将题目概括和限定在专门和精小的范围内，是避免题目空泛的选题方法。"专小"选题法的特点是看得准、靠得近、悟得透、选得深。"专小"的题目往往是具有独到见解的选题，是切中要害、深入本质的题目，是对关键与核心部分展开的不同角度的深入剖析、透彻论述。选择"专小"题目并非轻而易举、不费功夫就能成功，更不是应对临时需要的应景之作。全面评述某一科学理论的形成及其应用价值，或将其进行比较研究，这样的选题必然会大些。而只论某一科学理论的意义，或只评其实践应用，选择的题目就要"专小"一些。"专小"是专题深化、小题大做，是在题目的内涵上大显功夫、大讲道理、大做文章。选题的大小，与题目内涵的质量、水平的高低、价值的大小并非成正比，"专小"题目同样可以产生大手笔之作。

第 5 章
中国国际大学生创新大赛

📖 本章导读

本章主要介绍中国国际大学生创新大赛的目的、流程、项目类型、参赛对象、项目要求和备战技巧等内容。读者应在了解基本情况的基础上重点掌握中国国际大学生创新大赛的项目要求及备战技巧等内容。

📝 本章要点

- 大赛流程
- 项目类型
- 项目要求
- 组队、选题策略
- 制作创业计划书
- 撰写路演稿

5.1 认识中国国际大学生创新大赛

5.1.1 认识竞赛与报名流程

1. 中国国际大学生创新大赛的目的

中国国际大学生创新大赛是由教育部、政府与各高校共同主办的一项技能大赛，是受教育部认可、覆盖全国所有高校、影响力最大的综合性赛事。

大赛旨在深化高等教育综合改革，主动服务国家战略和区域发展，切实提高学生的创新精神、创业意识和创新创业能力，培养造就"大众创业、万众创新"的主力军；推动赛事成果转化和产学研用紧密结合，促进"互联网+"新业态形成，服务经济高质量发展；以创新引领创业、创业带动就业，推动高校毕业生更高质量创业就业。

中国国际大学生创新大赛作为中国大学生创新创业的重要平台，不仅构建了大学生创新创业的文化、投资、服务、政策支持等体系，同时也纳入了校园创新创业服务、企业基地建设、创业大讲堂、企业对接等多种实践活动，丰富了大学生创新创业的实践体验，给予大学生创新创业的机会。

中国国际大学生创新创业大赛对中国大学生创新创业起着重要推动作用，首先将创新创业体系整体管理进行系统孵化，参赛通道便于大学生将创新思想变为行动，并且能够获取相关创新服务。同时，这一活动也为个人或团队提供了公开参赛的机会，通过此活动，大学生可以获取丰富的创业经验，收获专业的投资服务，有助于他们毕业后的创业。

此外，中国国际大学生创新大赛有利于培养学生的创新能力、开发市场能力，正确认识企业需求，实现自我价值，这对个人以后进行就业、创业有重要意义。另外，大赛还能帮助学生识别创新思想，发掘创新主题，激发自身的创新能力，帮助学生早日实现社会价值，助力大学生的创新创业之路。

总的来说，中国国际大学生创新大赛实践多方面助力大学生创新创业，从不同层次推进中国大学生创新创业建设，为大学生创新思想落地创建良好平台，帮助他们更好地实现奋斗的价值，从而带动社会进步。

参加中国国际大学生创新大赛的原因有以下几个。

（1）权威赛事。教育部认可，位列2021全国普通高校大学生竞赛项目名单第一，国务院关于大学生创新创业文件中，明确指出要办好中国国际大学生创新大赛。

（2）奖励丰厚。很多高校会给予参赛获奖同学奖励，最直接表现在奖金与学分。学分可用于评奖学金，如果获得省级以上奖项，对专升本、保研、考研复试等也有一定帮助。

（3）锻炼能力。通过材料搜集、团队协作、项目打磨等过程，很大程度能锻炼在校生发现问题、分析问题、解决问题的能力，这些是实际工作中很需要的能力，而在学校课程中很难获得。

（4）开阔视野。通过比赛，能了解一个产品/项目的生命周期，学习优秀产品/项目的模型与运营等，只要用心参与，在思维、视野上会有很大的提升。

2. 中国国际大学生创新大赛的报名流程

首先打开全国大学生创业服务网官方网站（以下简称大创网），进行账号注册。然后在学信网注册完成学籍校验。

由团队负责人进行项目的创建，需要上传项目 Logo，编辑项目名称、所在地、所属领域、项目概述以及上传项目计划书等；在进入省赛后，还需上传项目展示 PPT。

团队负责人在添加团队成员版块搜索团队成员"姓名＋手机号"进行添加（被邀请的团队成员须为注册用户且完成：登录大创网—选择创业者身份—完善个人信息—通过学籍校验的步骤，团队负责人才可搜索到该团队成员）。

团队成员要先等待团队负责人邀请后，关注"全国大学生创业服务网"微信公众号，点击菜单栏进入"我的消息"页完成确认操作，方可进行下一步操作。

添加指导教师时，需要让教师提供职称、所在部门、手机号、电子邮箱等信息，方能添加。

全部完成之后就可以点击保存，然后提交报名。

5.1.2 了解竞赛项目类型、参赛对象

1. 参赛项目类型

参赛项目能够将移动、云计算、大数据、人工智能、物联网等新一代信息技术与经济领域紧密结合，培育新产品、新服务、新业态、新模式；发挥在促进升级以及信息化和化深度融合中的作用，促进制造业、农业、能源、环保等转型升级；发挥在服务中的作用，创新网络化服务模式，促进与教育、医疗、金融、消费生活等深度融合。参赛项目主要包括以下类型。

（1）"互联网＋"现代农业，包括农林牧渔等。

（2）"互联网＋"制造业，包括智能硬件、先进制造、自动化、生物医药、节能环保、新材料、军工等。

（3）"互联网＋"信息技术服务，包括人工智能技术、物联网技术、网络空间安全技术、大数据、云计算、工具软件、社交网络、门户、企业服务等。

（4）"互联网＋"文化创意服务，包括广播影视、设计服务、文化艺术、休闲、艺术品交

易、会展、动漫娱乐、体育竞技等。

（5）"互联网+"社会服务，包括电子商务、消费生活、金融、财经、法务、房产家居、高效物流、教育培训、医疗健康、人力资源服务等。

（6）"互联网+"公益，以价值为导向的非盈利性创业。

参赛项目不只限于以上项目，大赛鼓励各类创新创业项目参赛，根据行业背景选择相应类型。以上各类项目可自主选择参加"青年红色筑梦之旅"活动。

参赛项目涉及他人的，需提交完整的具有法律效力的书面授权许可书、专利证书等；已完成工商登记的创业项目，需提交单位概况、法定代表人情况、股权结构、代码复印件等。参赛项目可提供当前财务数据、已获投资情况、带动就业情况等相关证明材料。

2. 参赛对象

根据参赛项目所处的创业阶段、已获投资情况和项目特点，大赛分为创意组、初创组、成长组、就业型创业组。具体参赛条件如下。

（1）创意组。参赛项目具有较好的创意和较为成型的产品原型或服务模式，在当年5月31日尚未完成工商登记。参赛申报人须为团队负责人，须为普通高等学校在校生（可为本专科生、研究生，不含在职生）。

（2）初创组。参赛项目工商登记未满3年，且获机构或个人股权不超过1轮次。参赛申报人须为初创企业法人代表，须为普通高等学校在校生（可为本专科生、研究生，不含在职生），或毕业5年以内的毕业生（可为本专科生、研究生，不含在职生）。企业法人在大赛发布之日后进行变更的不予认可。

（3）成长组。参赛项目工商登记3年以上；或工商登记未满3年，且获机构或个人股权2轮次以上。参赛申报人须为企业法人代表，须为普通高等学校在校生（可为本专科生、研究生，不含在职生），或毕业5年以内的毕业生（可为本专科生、研究生，不含在职生）。企业法人在大赛发布之日后进行变更的不予认可。

（4）就业型创业组。参赛项目能有效提升大学生就业数量与就业质量，主要面向高职高专院校的创新创业项目（高职高专院校也可申报其他符合条件的组别），其他高校也可申报本组。若参赛项目在当年5月31日前尚未完成工商登记，参赛申报人须为团队负责人，须为普通高等学校在校生（可为本专科生、研究生，不含在职生）。若参赛项目在当年5月31日前已完成工商登记，参赛申报人须为企业法人代表，须为普通高等学校在校生（可为本专科生、研究生，不含在职生），或毕业5年以内的毕业生（可为本专科生、研究生，不含在职生）。企业法人在大赛发布之日后进行变更的不予认可。

以团队为单位参赛。允许跨校组建团队，每个团队的参赛成员不少于3人，须为项目的实际成员。参赛团队所报参赛创业项目，须为本团队策划或经营的项目，不可借用他人项目参赛。已获往届"大学生创新创业大赛"全国总决赛金奖和银奖的项目，不再参赛。

初创组、成长组、就业型创业组已完成工商登记参赛项目的股权结构中，参赛成员合计不得少于1/3。

高校教师科技成果转化的师生共创项目不能参加创意组，允许将拥有科研成果的教师的股权合并计算，合并计算的股权不得少于50%（其中参赛成员合计不得少于15%）。

3. 赛道说明

比赛共设三个赛道：主赛道、"青年红色筑梦之旅"赛道和国际赛道。

（1）主赛道的参赛项目为符合参赛要求的项目，在校赛、省赛基础上，举办全国总决赛（含金奖争夺赛、四强争夺赛和冠军争夺赛）。

（2）"青年红色筑梦之旅"赛道的参赛项目须为参加"青年红色筑梦之旅"活动的项目。主要为大学生创新创业团队到自对接的县、乡、村和农户，从质量兴农、绿色兴农、科技兴农、电商兴农、教育兴农等多个方面开展帮扶工作，推动当地经济建设，助力精准扶贫和乡村振兴。参加"青年红色筑梦之旅"活动的项目可自主选择参加主赛道或"青年红色筑梦之旅"赛道比赛，但只能选择参加一个赛道。

（3）国际赛道的参赛项目由国际赛道专家组组织全球大学生创新创业联盟择优遴选推荐项目。

5.2　了解中国国际大学生创新大赛要求

5.2.1　参赛项目要求

（1）参赛项目须真实、健康、合法，无任何不良信息，项目立意应弘扬正能量，践行社会主义核心价值观。参赛项不得侵犯他人知识产权；所涉及的发明创造、专利技术、资源等必须拥有清晰合法的知识产权或物权；抄袭、盗用、提供虚假材料或违反相关法律法规，一经发现即刻丧失参赛相关权利，并自负一切法律责任。

（2）参赛项涉及他人知识产权的，报名时需提交完整的、具有法律效力的所有人书面授权许可书、专利证书等；已完成工商登记注册的创业项目，报名时需提交营业执照及统一社会信用代码等相关复印件、单位概况、法定代表人情况、股权结构说明等。参赛项目可提供当前财务数据、已获投资情况、带动就业情况等相关证明材料。已获投资（或收入）1000万元以上的参赛项目，需提供相应佐证材料。

（3）参赛项以创新创业团队为单位报名参赛，鼓励跨院组建团队。每个团队的参赛成员不少于3人，须为项目的实际成员，指导教师不超过3人。参赛团队所报参赛创业项目，须为本团队策划或经营的项目，不可借用他人项目参赛。

5.2.2 "青年红色筑梦之旅"赛道要求

（1）参赛项目要求参加"青年红色筑梦之旅"活动的项目，符合大赛参赛要求的，可自主选择参加大赛"青年红色筑梦之旅"赛道，突出项目的社会贡献和公益价值。参赛项目须为青年创新创业项目，在推进革命老区乡村振兴、重点地区的经济社会发展等方面有创新性、推广性、实效性和可持续性。

（2）参赛组别和对象。根据项目性质和特点，参赛组别分为公益组、商业组。

1）公益组：参赛项目以社会价值为导向，在公益服务领域具有较好的创意、产品或服务模式的创业计划和实践，并符合以下条件。

- 参赛申报主体为独立的公益项目或社会组织，注册或未注册成立公益机构（或社会组织）的项目均可参赛。
- 参赛申报人须为项目实际负责人，须为在校生（可为本科生、研究生，不含在职生），或毕业5年以内的毕业生。
- 师生共创的公益项目，若符合"青年红色筑梦之旅"赛道要求，可以参加该组。

2）商业组：参赛项目以商业手段解决农业农村和城乡社区发展的痛点问题、助力乡村振兴，实现经济价值和社会价值的融合，并符合以下条件。

- 参赛申报人须为项目实际负责人，须为在校生（可为本科生、研究生，不含在职生），或毕业5年以内的毕业生。
- 注册或未注册成立公司的项目均可参赛。已完成工商登记注册参赛项目的股权结构中，企业法人代表的股权不得少于10%，参赛成员股权合计不得少于1/3。如已注册成立机构或公司，学生须为法人代表。
- 师生共创的商业组项目只能参加主赛道，不能报名参加"青年红色筑梦之旅"赛道。

5.3 备战中国国际大学生创新大赛

5.3.1 如何组队

中国国际大学生创新大赛是一个很好的机会，可以帮助大学生将想法转化为可行的商业项目并展示给投资人。以下是一些组队技巧。

1. 找到志同道合的人

在社交网络和校内寻找对创业感兴趣的人，或者加入创业俱乐部等组织以扩大人脉。

2. 寻找不同专业背景的人

不同的专业背景能够提供不同的视角和技能，这有助于打造一个更全面的团队，并且可以满足评审委员会的要求。

3. 确定每个人的角色

确定每个团队成员的角色和职责，包括项目经理、技术专家、市场营销专家等。这可以确保每个人都有自己擅长的领域，并且可以确保整个团队的协调一致性。

4. 制订明确的计划

为了实现成功，制订明确的计划和时间表，包括完成每个任务的时间节点、项目预算和资源分配计划等。

5. 建立有效的沟通渠道

建立一个有效的沟通渠道，包括共享文档、在线聊天和视频会议等。这可以确保团队成员能够相互了解和沟通，并在必要时及时解决问题。

6. 重视团队文化

创建一个良好的团队文化，包括互相尊重、鼓励一起成长和分享知识等。这可以促进团队的凝聚力，并建立一个长期稳定的团队。

5.3.2 如何选题

中国国际大学生创新大赛主要是为了鼓励学生探索新的商业模式和科技创新，因此选题非常重要。以下是一些选题技巧。

1. 选择有市场需求的项目

在选择项目时，要关注市场需求和潜在用户群体，选择有市场需求的项目，能够提高项目的成功率和商业效益。参赛项目尽量不要选择以下内容：一是开店类项目，例如花店、咖啡馆等；二是共享类项目，例如共享雨伞、共享自习室、共享储物柜等；三是平台/App类项目，例如二手交易平台、考研考公平台等。

2. 结合自身专业和兴趣

在选择项目时，要结合自己的专业和兴趣进行考虑，这样可以提高自己的热情和专业度，也能更好地理解和解决项目中遇到的问题。

3. 寻找独特的创新点

在选择项目时，要寻找独特的创新点，这样能够让项目在众多参赛项目中脱颖而出，提高竞争力。

4. 考虑技术难度和可行性

在选择项目时，要考虑项目的技术难度和可行性，不要选择技术难度过高或者可行性不足的项目，以免在后期实践过程中出现问题。

5. 确定团队成员和角色分工

在选择项目时，要考虑团队成员的技能和经验，合理分配角色和任务，确保团队协作顺畅，提高项目的成功率。

6. 创业参赛项目的来源

（1）自身创业项目，如果本身就在创业，那么可以梳理一下自己的创业项目是否合适参赛。

（2）自己的发明专利，如果在高中或者大学曾有过专利、软件计算机著作或者比较不错的论文，可以把它们商业化。

（3）家族企业，如果父母有自己企业，可以尝试从企业中转化适合参赛的创业项目。

（4）实验室的研究成果，如果在实验室有成果，那么可以尝试把实验结果产品化，转化过程中注意要以能够解决行业痛点和客户需求为工作重点。

（5）教师的专利、论文以及研究成果，如果指导教师有研究成果可以转化，你在相关领域也有自己的研究成果，可以把成果转化为产品。

（6）往届参赛学生的项目，可以联系往届学生，要他们的项目参赛，不过也需要在相关领域有自己的技术或者研究成果，如果是已经注册企业的需要转让法人和股份。

（7）学习研究往届大赛获奖项目内容，扩列出新的方向，解决另一个行业痛点和用户需求。

（8）公益项目，可以从公益社团组织中获取可以参加公益赛道的项目。

5.3.3　如何制作创业计划书

制作项目计划书是中国国际大学生创新大赛的重要环节之一，除了按照前文所讲的创业计划书的内容撰写外，以下是一些制作项目计划书的技巧。

1. 明确项目目标

在项目计划书中定义项目的具体目标和可行性分析，包括项目的名称、描述、背景、目标市场和预期销售额等信息。

2. 确定时间和资源

明确项目实施的时间节点和所需要的资源，包括资金、人力和设备等。

3. 规划项目流程

列出项目执行的每个阶段和关键点，并详细描述每一个步骤的任务、时间、负责人和成果。

4. 明确项目预算

根据项目的需求和时间周期，编制项目预算表，包括全部支出和收入，以及费用的分类和分配。

5. 建立风险管理计划

识别并分析潜在的风险因素，在项目计划书中建立相应的风险管理计划。

6. 注重可行性研究

在项目计划书中加入关于市场调查、竞争情况、用户需求等可行性研究的内容。

7. 关注商业模式

考虑商业模式的设计，并对其进行详细的说明和分析。

8. 制作精准简洁

确保项目计划书的内容简洁明了、逻辑清晰，并且没有语法和拼写错误。

9. 重视附加材料

根据需要，附上一些相关的资料，如市场调查报告、竞争分析报告等。

5.3.4 如何撰写路演稿

合理的路演稿形式，能促使高效的路演练习，进而产生高分路演。路演稿主要有两种形式，分别是文字版路演稿和表格版路演稿。

文字版路演稿逻辑流畅且内容完整，但不太利于路演人练习。表格版路演稿框架清晰明了，但是需花费较多时间准备。二者各有利弊，各备赛团队可结合具体情况，进行路演稿的准备。不管形式如何，都是为了呈现更好的路演效果、实现路演目标，以下几点建议供大家参考。

1. 加入时间限制

路演有严格的时间要求，但很多团队由于时间把控失误，会出现内容没讲完，只能草草结尾的情况，这非常影响评委对项目的印象。路演时一定要把控好时间，不要超时。

各备赛团队在准备路演稿前，先明确所在地区的路演限制时间，一般为5～8分钟，再对每页PPT的演讲时间按照重要性进行初步规划，在每页路演PPT的路演稿部分加入演讲用时，让路演人进行时间及内容的练习，避免正式路演时出现突发状况。核心技术、商业模式等项目重点、亮点部分可多花时间讲解。

2. 加入动作语气标注

路演并不是路演人的独白，而是一场有情绪的演讲。可通过语气、语调、肢体动作来调动现场情绪。备赛时可根据路演稿对应内容，对情绪要求、肢体动作进行标注。例如：讲到项目唯一性、卓越数据等亮点信息时，音量可以适当提高，自信地讲解；讲到商业模式时可适当放慢语速，给评委一定时间思考；讲到项目愿景时，情绪可适当激昂，辅以手部动作，展示出项目的愿景。

3. PPT内容不用全说

PPT内容较多，但路演时间有限，不用将全部内容都叙述一遍，将每页重点阐述出来即可。路演本就考验大家在有限时间内传达重点信息的能力，如果全都念一遍，那路演就没有意义了。例如：讲到竞品分析时，可直接将自己的产品优势用百分比、提高倍数等数据表示出来，不用逐项进行对比再得出结论，那样很浪费时间。

4. 从事实出发

诚实是必须的，一定不能造假，要相信评委比你懂得多，如果造假，肯定会在答辩环节漏出马脚。例如：在竞品分析部分，实事求是地展示出自己的优势即可，不要出现过分比较、提高数据、试图猜测等情况。

5. 反复修改

正式路演前，路演稿要反复修改。项目、PPT 的不断优化，路演人的练习反馈都会使路演成功几率增加。大赛未至，修改不止，好的路演稿都是修改出来的。

6. 熟记于心

路演人一定要对路演稿熟记于心，正式路演前要多背、多练，时间、内容、衔接语句等都要很熟练，以达到看见路演 PPT 页面，就能想起当前页面所要传达的重点、时长要求等。

5.3.5 加分技巧

（1）项目名字要有特点，既要反映项目内涵，同时要让人留下深刻印象。最好是"×××——×××"结构，破折号前缀概括项目名称，破折号后缀概括项目内容。方便评委快速代入项目，建立全局认知。

（2）项目主题清晰，有吸引力。采用"国产替代""国际领先""解决卡脖子"等重点词汇叙述主体，同时项目最好聚焦国家战略性新兴产业，如"新一代信息技术""高端制造"等重点规划领域。同时也要注意不要过度追求宏大叙事，避免"假大空"。

（3）项目计划书、PPT 制作一定要专业、美观、用心。文字上要体现专业性和可读性，设计上要体现重要性和视觉冲击，这些也侧面反映团队整体实力。

（4）项目价值、意义、市场潜力说明到位，有力度、有翔实数据，才会打动人心。尽量采用团队调研数据与第三方机构报告数据相互结合、相互佐证。只用团队数据是坐井观天，只用机构数据是眼高手低。

（5）项目与学校特色、专业特色结合会有加分可能，让学校与专业为项目背书，一定要专创融合、产教融合、科创融汇、地域协同。

（6）项目如是科研成果转化的项目会有加分，目前非常鼓励高校科研成果通过大学生创新创业进行转化。较为成熟的项目也可以采用技术转移的形式进行创业。

（7）项目指导教师的良好资质、背景会有帮助，如院士、重点实验室负责人、科研成果拥有人等。优秀师资团队会为项目提供落地性和可行性的支持。

（8）项目产品服务有明显功能、性能与市场优势会有加分。

（9）项目产品服务与竞争对手相比有明显优势会有加分。在竞品分析中要着重体现，最好有证明材料。

（10）项目如已经有收入，并有较好成长预期会有加分。最好附上相关合同、开具的增值税发票、完税证明以及银行对账单。

（11）项目团队的介绍要体现出与创业项目的强相关。一定要注意专创融合，但是切忌全部是工科生以及全部是商科生这样尴尬的局面，要多学科交叉。

（12）项目如已经获得投资，要进行详细、清晰说明，说明投资方背景、股权结构等细节。

（13）项目 PPT 的结尾要有打动力，争取能够给人留下深刻印象。

5.3.6 如何准备

大赛准备越早越好，大赛赛季比较长，官方通知是每年 4—10 月，有的学校开始比较早，会提前一年储备第二年的项目，3 月份就开始校赛选拔和项目打磨。同学们根据自己学校情况，提前准备。

第一步需要做的事情是什么？

很多同学可能第一步就在着急找项目，写计划书。其实，第一步应该是组建一个高效协同团队，互联网创业大赛是一个高压力、高强度，也是高收获的活动。一群有热情、有能力的人在一起互相支持、互相成就，为整个大赛走得更远做好准备。创业不是一个人的事情，同样，创业大赛也一样。校赛之前可能只有同学，慢慢才有指导教师，然后有学校邀请的校外导师。一步步走下去，团队实力也会慢慢增强。

第二步找到用户痛点和实际需求。

要注意分辨痛点是自己想象的还是客户实际上需要的，有时候我们以为的用户痛点并不是用户真正的痛点。大家多数是考虑自己擅长的领域，有时候我们提供的并不是用户需求的。应该以用户需求为中心出发，为用户解决问题，提供用户想要的产品。

第三步市场分析与竞品分析。

找到了用户痛点与真实需求之后应该全面调查市场，一个好的项目应该是刚需市场，全国甚至世界都有需求，百亿、千亿的市场规模是参加国赛得奖的基础。市场分析之后需要调研竞争对手的产品，进行竞品分析，竞品分析需要对直接解决客户痛点的几个重要效果指标或者提高产品性能的几个重要指标进行对比分析，然后对产品或者服务价格进行分析。不要对成本进行对比，因为一般无法准确调查竞争对手的成本。

第6章
全国大学生物流设计大赛

本章导读

本章主要介绍全国大学生物流设计大赛的目的、比赛内容、参赛对象及形式、大赛要求、流程、评审办法和备战技巧等内容。读者应在了解大赛基本情况的基础上重点掌握大赛内容和备战技巧等内容。

本章要点

- 大赛目的
- 比赛内容
- 评审办法
- 备战技巧

6.1 认识全国大学生物流设计大赛

6.1.1 大赛简介

"全国大学生物流设计大赛"英文名称：National Contest On Logistics Design by University Students（NCOLD）是由教育部高等学校物流类专业教学指导委员会和中国物流与采购联合会共同举办的一项面向全国大学生的大型物流教学实践方面的竞赛活动（以下简称"大赛"），大赛面向全国大学生，是教育部批准资助的九大赛事之一，是教育部实施"质量工程"中的专业设计大赛之一，也是国内最具专业性、权威性、实用性的大学生物流大赛，大赛每两年举办一次。

6.1.2 大赛目的

全国大学生物流设计大赛的宗旨是实现物流教学与实践相结合，提高大学生实际动手能力、策划能力、协调组织能力，促进大学物流人才培养模式、课程设置、教学内容和方法的改革，推动物流教学改革和科学研究，为全国高校搭建广泛的物流教学改革及学术交流平台，建立面向社会群众宣传普及物流知识的平台，更好地发现和培养物流人才。

6.1.3 比赛内容

参赛者根据大赛组委会提供的案例，自主确定设计的领域和方向，完成设计内容。设计方案可以是文字材料、数学模型、软件或工程设计等。设计内容可以包括但不仅限于以下的一个或几个项目。

（1）企业物流战略优化设计。

（2）物流网络优化设计。

（3）物流系统重组设计。

（4）物流增值服务项目设计。

（5）物流绩效评估体系设计。

（6）物流设施设备优化设计。

（7）物流标准化运作流程设计。

（8）物流信息系统设计。

（9）供应链物流系统集成设计。

（10）物流各环节运作的优化设计。

（11）物流技术应用系统设计。

（12）物流管理理念创新。

（13）其他。

6.2 了解全国大学生物流设计大赛要求

6.2.1 参赛对象及形式

大赛组委会根据情况可在同一届大赛中分别组织专科层次、本科层次、硕士和博士层次的竞赛，由全国各高等学校正式录取的全日制在读物流相关专业专科生、本科生、硕士生和博士生参加。参赛方案只在同一层次之内进行竞争，不进行跨层次的比较，不接受跨层次的混合小组参赛。

大赛要求以学校为单位组成参赛队，以队为单位参赛，每队5人，年级不限。同一学校参赛队不超过两个。各学校可根据报名情况，在赛前通过组织校内选拔赛等形式，选拔、组建优秀队伍参赛。参赛者可跨专业组成一个队伍，但一人不得同时加入两个参赛队。每队需由一名教师作为领队兼指导教师，负责赛前辅导和参赛的组织工作。

教育部高等学校物流类专业教学指导委员会主任委员、副主任委员不得作为参赛队的领队。

6.2.2 大赛报名

参赛队登录物流与采购教育认证网站，在线录入报名表内容，保存或打印《报名表》后提交。将《报名表》经学校教务管理部门盖章并附加参赛学生两张2寸照片，加上由学生所在院、系、所开具的每位参赛学生的在校生证明、学生证复印件等邮寄至秘书处。秘书处收到参赛队《报名表》原件经审核后，将大赛资料以电子邮件形式发送给参赛队伍。

6.2.3 大赛赛段划分及要求

参赛各队在同一层次内进行比赛，每一层次的比赛均分为初赛、复赛和决赛三个阶段，比赛要求如下。

1. 初赛

参赛队伍在取得参赛资格后，应根据大赛组委会公布的案例内容，自主确定设计的领域和方向，充分展开研究和设计，并将其研究和设计的结果编制成设计方案。设计方案可以是项目建议书，也可以是实物，例如软件、工程设计图纸，但不能是学术论文。设计方案的总字数限制在6万字以内，电子文件大小控制在30MB之内。

参赛队伍应充分准备，发挥创新精神，分析研究并撰写设计方案，应在规定时间内按照规定方式递交设计方案，若有软件设计或工程设计应同时提交实物。提交同时，参赛队需填写《参赛作品登记表》。

大赛评审委员会对初赛设计方案进行评审，并对每一个设计方案进行点评。

2. 复赛

入围复赛的参赛队，可以根据大赛评审委员会提出的点评意见对初赛设计方案进行完善和优化，重新提交方案参加复赛，设计方案的总字数限制在 6 万字以内，电子文件大小控制在 30MB 之内。没有参加初赛的方案不能直接进入复赛。

大赛评审委员会对复赛设计方案进行评审，并对每一个设计方案进行点评。

3. 决赛

复赛胜出的队伍，可以在得到组委会发出的决赛通知起到决赛方案提交截止日之前，对方案进行再次修改，修改后的方案总字数限制在 6 万字以内，电子文件大小控制在 30MB 之内。决赛采取现场答辩的方式进行，由评委会针对进入决赛各队的方案事先提出若干问题，交由各队准备现场答辩。没有参加复赛的方案不能直接进入决赛。

参加决赛的队伍应综合初赛和复赛的设计方案，结合企业和专家的响应与要求，重点准备现场陈述和答辩，现场陈述需要用 PPT 文本演示，如果最终方案包括软件、实物、设计图纸等，必须向现场专家展示，陈述方案时间控制在 15 分钟以内，答辩的方式和风格不做要求。陈述后，参赛队要接受决赛评审委员的提问，并给出清晰的答复。

决赛陈述和答辩结束后，由评审委员会打分并进行合议。

6.2.4　大赛流程

大赛流程如图 6-1 所示。

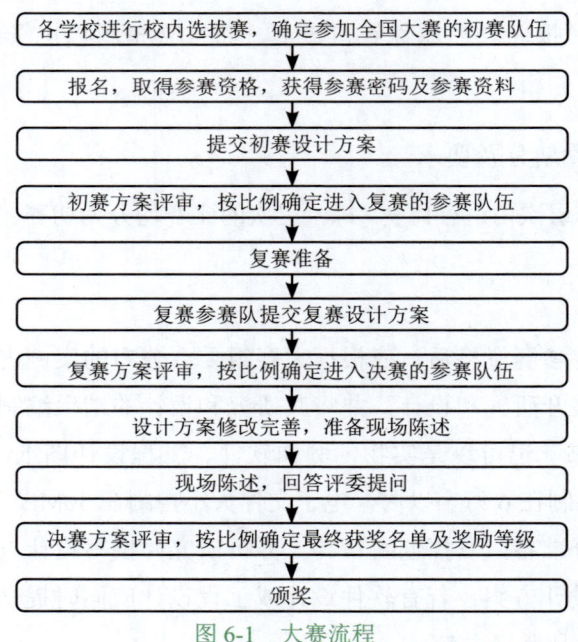

```
各学校进行校内选拔赛，确定参加全国大赛的初赛队伍
          ↓
报名，取得参赛资格，获得参赛密码及参赛资料
          ↓
提交初赛设计方案
          ↓
初赛方案评审，按比例确定进入复赛的参赛队伍
          ↓
复赛准备
          ↓
复赛参赛队提交复赛设计方案
          ↓
复赛方案评审，按比例确定进入决赛的参赛队伍
          ↓
设计方案修改完善，准备现场陈述
          ↓
现场陈述，回答评委提问
          ↓
决赛方案评审，按比例确定最终获奖名单及奖励等级
          ↓
颁奖
```

图 6-1　大赛流程

6.2.5 评审及奖项设立

1. 评审专家

初赛、复赛和决赛的方案评审工作由组委会从评审委员会中抽取不同的专家担任。

根据参赛队伍数量的多少,组委会将邀请专家组成 1 个或多个评审小组参加初赛、复赛和决赛方案的评审,参加初赛和复赛评审的每个评审小组由 3~5 名专家组成,参加决赛评审的每个评审小组由 7~9 名专家组成。1 个专家可同时担任初赛、复赛和决赛方案的评审,但每个阶段的评审小组中必须至少有 30% 以上的专家轮换。

为保证评审的公开、公正、公平,大赛组委会聘请的专家在遇有对本校参赛队评审时需回避。

2. 评审办法

(1) 在大赛的每个阶段,评审委员会根据评分标准对参赛队伍的设计方案进行打分。将所有评委的评分汇总得出每个方案的某赛段总得分,按总得分由高到低顺序排列,选取进入下一个赛段的方案。

初赛阶段,选取所有参赛方案的前 35%~55% 的进入复赛;复赛阶段,选取所有参加复赛的前 30%~50% 的方案进入决赛,进入决赛的总数不超过 60 名。

(2) 没有参加前一个赛段评审的方案,不能直接进入下一个赛段的评审。

(3) 初赛、复赛阶段没有答辩附加分。

3. 奖项设置

大赛设一、二、三等奖,分别占进入决赛方案总数的 20%、35%、45%。

大赛评委会和组委会将评选出参赛单位总数的 10% 授予大赛组织奖。

4. 证书及奖状

对获奖团队及个人,由教育部高等学校物流类专业教学指导委员会颁发奖杯和获奖证书。

6.3 备战全国大学生物流设计大赛

6.3.1 备战技巧

全国大学生物流设计大赛是一个非常有挑战性的比赛,需要团队成员在有限的时间内充分发挥自己的专业知识和技能,并做好充分准备。以下是一些备战建议,希望能够帮助参赛的同学们。

（1）了解比赛规则和流程。仔细阅读大赛官方网站上的比赛规则和流程，了解比赛的各个阶段和时间节点，以及需要提交的文件和作品要求。同时，还需要了解比赛的主题和要求，以便有针对性地进行准备。

（2）组织团队。团队的组织是比赛成功的关键。需要根据各自的特长和优势进行合理分工，确保每个人都有具体的工作任务。同时，需要明确团队的工作计划和沟通方式，确保团队成员之间的协作顺利进行。

（3）做好调研。调研是比赛的重要环节。需要针对比赛主题进行调研，收集相关的数据和资料，以便进行深入的分析和研究。同时，还需要了解行业最新动态和前沿技术，以便更好地进行作品设计。

（4）技术学习。物流行业是一个技术密集型的行业，需要掌握一定的技术知识和技能。需要学习物流行业的相关技术，如仓储管理、运输规划、供应链优化等。同时，还需要学习一些新的技术和工具，如数据分析、人工智能等，以便更好地进行作品设计。

（5）作品设计。作品设计是比赛的核心环节。需要根据比赛主题和要求，有针对性地进行作品设计。需要注重作品的实际应用价值和商业价值，同时还需要注重作品的创新性和可行性。

（6）做好作品展示。作品展示是比赛的重要环节。需要准备好作品的展示材料和演示文稿，以便在比赛现场进行展示。同时，还需要做好作品的展示计划和时间安排，确保展示效果最佳。

6.3.2　报名表格及评分标准

（1）全国大学生物流设计大赛报名表，见表6-1。

表6-1　全国大学生物流设计大赛报名表

年　　月　　日

编号：

	姓名	性别	年级	院、系、专业	学号	备注
参赛队名称						
参赛学校（全称）				所在省（区、市）		
团队成员						

续表

领队兼指导教师	姓名		所属院系		职称	
	电话		手机		电子邮箱	
团队联系方式	联系人姓名			联系电话		
	通讯地址				邮编	
	电子邮箱					
团队介绍						

以上所有参赛队成员都是本校物流相关专业本科在读学生，领队为本校正式教师，特此证明。

学校教务管理部门盖章
年　月　日

（2）全国大学生物流设计大赛参赛作品登记表，见表 6-2。

表 6-2　全国大学生物流设计大赛参赛作品登记表
年　月　日

作品编号：

作品名称	
参赛队名称及编号	所在学校
参赛阶段	初赛（　）复赛（　）决赛（　）
作品所属领域（可多选）	企业物流战略优化设计　（　） 物流网络优化设计　（　） 物流系统重组设计　（　） 物流增值服务项目设计　（　） 物流绩效评估体系设计　（　） 物流设施设备优化设计　（　） 物流标准化运作流程设计　（　） 物流信息系统设计　（　） 供应链物流系统集成设计　（　） 物流各环节运作的优化设计　（　） 物流技术应用系统设计　（　） 物流管理理念创新　（　） 其他　（　）

续表

作品简介（限300字内）	
学校意见	盖章： 年　月　日
评审成绩及评审委员会意见	盖章： 年　月　日

（3）全国大学生物流设计大赛初赛、复赛和决赛评审评分表，见表6-3。

表6-3　全国大学生物流设计大赛初赛、复赛和决赛评审评分表

作品编号：

一级指标（分值）	二级指标（分值）	指标说明	得分 二级指标	得分 一级指标
方案的设计内容（50）	方案的针对性（15）	选题恰当，问题把握准确，重点突出（0～5）		
		围绕案例提供的材料和确定的选题，解决案例中遇到的问题，分析深入，解决方案明确、具体（0～5）		
		方案中的所有文字描述、图表、软件等应该互相支持，共同解决所确定的问题（0～5）		
	方案的有效性（10）	方案依据充分，可行、可用，理论联系实际，得到企业评委认可，对企业解决问题有指导意义（0～5）		
		方案实施后预期可以获得较好的运作和财务效果（0～5）		
	方案的覆盖面（10）	利用了案例中提供的80%以上的信息（0～5）		
		提出的解决方案涉及案例中所描述问题的数量（0～5）		
	方案的综合性（15）	方案不是对企业遇到的问题进行一问一答，而是综合解决案例中的多个问题的整体方案（0～5）		
		方案在设计内容上无明显的错误（0～5）		
		方案涉及内容多，工作量大，具有较大难度（0～5）		

续表

一级指标（分值）	二级指标（分值）	指标说明	得分 二级指标	得分 一级指标
方案的设计方法（25）	设计方法的科学性（15）	忠于企业案例中提供的事实和数据，能够做出一定假设，假设符合国内物流业和企业的实际（0～5）		
		有明确、适用的设计方法，采用了定性和定量手段，根据案例中提供的数据和事实建立实用的模型，设计方法科学、严谨（0～5）		
		能够运用物流专业知识和技能，能利用信息技术解决企业问题（0～5）		
	设计方法的复杂性（10）	综合应用经济、管理、工程、技术等不同领域的技术和方法进行设计，采用了较先进的设计方法（0～5）		
		解决方案中有计算机软件、工程设计图纸、成套的作业流程图、完整的数学模型、全面的财务分析表格、路径优化图等，设计方法难度较大（0～5）		
方案的表现能力（10）	方案的规范性（10）	方案合理应用非文字要素，如图表、软件、数学模型等，方案文字、图表、软件、设计图纸等符合国家规范（0～5）		
		提交评审的文档核材料齐全、装订整齐、规范、美观、软件界面友好、图纸整洁，方案逻辑严密（0～5）		
创新与应用（15）	整体效果（5）	方案整体效果较好（0～5）		
	推广应用（5）	方案有较大推广价值（0～5）		
	创新性（5）	方案有创新，或有独立见解（0～5）		
加分（15）	队伍情况（5）	队伍整齐、素质高、搭配合理、分工合作好（0～5）		
	组织情况（5）	领队责任心强、组织严密、学校支持力度大、按要求提交大赛所需文档（0～5）		
	答辩情况（5）	精神饱满、文明礼貌、答辩准备充分、陈述效果好、回答问题好、反应敏捷、时间控制好（0～5）		

评语：				
	评委意见	晋级（　）	待定（　）	淘汰（　）
评委签名		评审日期		

第 7 章
"学创杯"全国大学生创业综合模拟大赛

📖 本章导读

本章主要介绍"学创杯"全国大学生创业综合模拟大赛的目的、大赛规则以及大赛的参赛技巧。读者在掌握创业模拟基本的过程基础上重点掌握"学创杯"全国大学生创业综合模拟大赛的参赛技巧。

📝 本章要点

- 大赛的目的
- 大赛的规则
- 参赛的技巧

7.1　认识"学创杯"全国大学生创业综合模拟大赛

"学创杯"全国大学生创业综合模拟大赛由高等学校国家级实验教学示范中心联席会经济与管理学科组、中国陶行知研究会主办，由杭州贝腾科技有限公司提供技术支持。

7.1.1　认识参与"学创杯"全国大学生创业综合模拟大赛的目的

在 2016 年"两会"期间，"大众创业、万众创新"在政府工作报告中被重点提及，开启了推动经济快速发展的"双引擎"的大幕。"大众创业、万众创新"是驱动经济转型发展的"双引擎"，而驱动"双引擎"运转的动力又源自创业创新型人才。有理想、有知识、有技术、有能力的大学生是创业创新力量中的主力军。对大学生加强创业教育是深化高等教育教学改革的必然选择，是落实以创业带动就业，促进高校毕业生充分就业的重要措施。

国家大力实施"科教兴国"战略，努力培养广大青年的创新、创业意识，造就一代符合未来挑战要求的高素质人才，已经成为实现中华民族伟大复兴的时代要求。作为学生科技活动的新载体，创业计划竞赛在培养复合型、创新型人才，促进高校产学研结合，推动国内风险投资体系建立方面发挥出越来越积极的作用。

"学创杯"全国大学生创业综合模拟大赛将创业计划书与企业运营管理实现了有机地结合，而不是单纯地撰写创业计划书或单纯地执行企业运营管理。计划工作是管理的首要职能，要做好企业运营管理工作，首先要充分考虑计划性，为此必须先编制完整的运营计划方案(创业计划书)；创业计划书的撰写必须充分考虑可行性、最优化，为此必须接受实践或实战模拟的检验。"学创杯"竞赛有助于大学生将创业计划能力、计划执行能力和企业运营管理能力完美结合起来，还有助于增强大学生创业自信心和创业守业能力。

7.1.2　认识"学创杯"全国大学生创业综合模拟大赛规则

"学创杯"全国大学生创业综合模拟演训活动分为三阶段进行，包括校级、省级和全国活动。

第一阶段（校级演训），由各本科和高职院校相关学科主管部门自行组织；包括创业综合模拟、创业营销 2 项活动，最终每所院校报名选出不超过 3 支团队。

第二阶段（省级演训），以省或直辖市为单位，各省具体活动安排以各省份通知为准。

第三阶段（全国演训），入围全国演训活动的团队将通过半决赛，择优选拔部分团队进入总决选现场环节。

创业综合模拟、创业营销两项活动中分本科组、职教组分别进行。参与活动者必须是具有学籍的全日制在校学生，以团队形式参加，不能跨校组队。每个团队队员至多 3 人，每个学生至多参加 1 个队。每队配备 1～2 名指导老师，同一老师可以指导多个队。每个学校至多只能有 1 支团队晋级全国演训活动的创业综合模拟、创业营销 2 项活动。软件训练账号由技术支持单位免费提供。

1. 创业综合模拟

"创业之星"主要包括三大部分功能模块：创业计划、创业准备、创业管理。

（1）创业计划。根据"创业之星"训练系统平台的商业背景环境与数据规则，分析市场环境与竞争形势，完成公司创业计划书的编写。创业团队首先对背景环境进行商业机会分析，组建经营团队，制订资金筹措计划，撰写公司名称，制订公司章程，并编写一份完整的创业计划书。

（2）创业准备。当创业者有了想法，并已经做好了资金、人员、技术、场地、设备、公司名称等方面的各项准备工作后，就进入了企业的初创阶段。参加训练的学生需要独立完成公司注册审批流程的所有工作。公司注册审批的环节主要包括办公场所租赁、公司名称审核、银行注资、事务所验资、工商办证、税务办证、质量监督、刻制公章、办理保险等。需要根据系统规定的流程，完成相关表格的填写与资料的准备工作。

（3）创业管理。企业的生存发展如同一个生命的有机体一样，也会经历初创、成长、发展、成熟、衰退等阶段，即企业发展的生命周期。"创业之星"在创业管理模块环节就是让学生在实战中模拟企业的运营管理，围绕创业企业发展的生命周期，制定各项决策，并最终推动企业成长壮大。

创业管理是训练和提升学生创业能力的关键环节，也是检验创业计划可行性的实践环节。通过对真实企业的仿真模拟，所有参加训练的学生分成若干小组，组建成若干虚拟公司，在同一市场环境下相互竞争与发展。每个小组的成员分别担任虚拟公司的总经理、财务总监、营销总监、生产总监、研发总监、人力资源总监等岗位，并承担相关的管理工作。通过对市场环境与背景资料的分析讨论，完成企业运营过程中的各项决策，包括战略规划、品牌设计、营销策略、市场开发、产品计划、生产规划、融资策略、财务预算等。通过团队成员的努力，努力使公司实现既定的战略目标，并从所有公司中脱颖而出。

2. 创业营销

通过模拟经营一家创业型公司，全程模拟营销实战。通过制定企业营销战略、分析市场环境、选择目标市场、产品策略、定价策略、渠道策略、促销策略等决策，和其他若干家企业（以实际参加演训队伍数为准）展开激烈的市场竞争。每个公司在经营之初，都将拥有一笔来自股东的创业资金，用以展开各自的营销管理以及企业运营管理，公司的股东团队即是公司的管理团队,最终通过平衡积分卡的综合评价分数来全面衡量企业的经营绩效。

7.1.3 认识"学创杯"全国大学生创业综合模拟大赛评分

1. 创业综合模拟阶段

(1)创业计划书撰写。各团队在线撰写创业计划书。具体要求如下。

1)项目须立足于我国社会、经济、文化发展的大背景,具有一定科技含量、文化含量和知识含量。

2)项目中所提出的产品或服务,可以是团队成员参与或经授权的发明创造、专利技术或课外制作,也可以是一项可能研发的概念产品或服务。专利技术需要提供专利技术证书,若专利技术持有人非创业团队成员,需要提供授权证书。

3)团队成员应在进行广泛市场调研和分析的基础上,设计制作将产品或服务推向市场的完整、具体、有实施可能的项目计划书。项目计划书应着眼于特定市场、竞争、营销、财务等策略方案,阐述把握机会的过程并说明所需资源。

4)创业计划书撰写必须符合本次活动的主题和要求;内容完整,简明扼要,格式清晰,版面美观大方,创意新颖;文笔流畅,见解独到;思想深刻,与现实联系紧密;能充分展现大学生朝气蓬勃的精神风貌和创业新人形象。创业计划书必须为团队原创,并且未在全国性创业大赛中获得全国二等奖以上奖项。

5)已注册公司的,要求团队成员在公司中所占股份应不低于30%,需要提供工商部门盖章的能证明个人股份比例的公司章程。

(2)创业综合模拟对抗。创业综合模拟采用"创业之星"软件作为活动平台,通过模拟经营一家研究、开发、生产、批发及零售的某一行业的公司,和其他若干家企业展开市场竞争,进行若干轮虚拟的季度创业经营决策。在正式开始前发布活动模板及数据规则,每个组别内的团队根据最后季度运营结束跳转后的综合评价分数,减去累计扣分后的分数,从高到低进行排名计分。分数计算方法如下。

　　　　总成绩 = 软件最终成绩(A)− 违反现场纪律扣分(B)

　　　　违反现场纪律扣分(B)= 违反秩序次数 ×5(分 / 次)

其中,软件最终成绩(A)= 盈利表现 + 财务表现 + 市场表现 + 投资表现 + 成长表现 − 紧急借款次数 ×5(分 / 次)。

软件最终成绩查看方式:软件端跳转到第七季度后,看第六季度最终得分。

创业综合模拟奖项设置见表 7-1。

表 7-1　创业综合模拟奖项设置

级别	奖项
校内演训活动	建议学校为校内选拔优胜团队颁发相关证书
省级演训活动	由主办单位颁发相关获奖证书，由各省级活动通知
全国演训活动	总决选现场环节评选特等奖、一等奖；未入围现场环节团队获二等奖。由主办单位颁发相关证书
指导教师	特等奖团队指导教师获"最佳指导教师"证书；其余团队指导教师获"优秀指导教师"证书
中国大学生学创之星	特等奖团队颁发"中国大学生学创之星"证书，并有机会获得相关企业实习与就业证书

创业综合模拟全国演训活动入围规模：600 支团队，其中本科组 380 支队伍，职教组 220 支队伍。总决选现场环节规模：220 支团队（含特邀赛道），其中本科组 140 支队伍，职教组 80 支队伍。

2. 创业营销模拟阶段

创业营销赛项全程采用"营销之道"作为竞技平台，开展 4 个季度的企业经营，将在比赛正式开始前发布数据规则；全程模拟营销实战通过制定企业营销战略、分析市场环境、选择目标市场、产品策略、定价策略、渠道策略、促销策略等决策，和其他若干家企业开展若干季度的市场竞争。

团队最终成绩直接取经营结束后系统中自动计算的成绩。

成绩计算方法如下。

　　团队最终得分（A）＝比赛结束季度综合表现分数－累计减分（C）

　　综合表现分数（B）＝盈利表现＋市场表现＋成长表现

　　累计减分（C）经营过程中累计出现紧急贷款次数×5

注：综合表现分（B）计算机比赛软件自动评分。

创业营销模拟奖项设置见表 7-2。

表 7-2　创业营销模拟奖项设置

级别	奖项
校内演训活动	建议学校为校内选拔优胜团队颁发相关证书
省级演训活动	由主办单位颁发相关获奖证书，由各省级活动通知
全国演训活动	总决选现场环节评选特等奖、一等奖；未入围现场环节团队获二等奖。由主办单位颁发相关证书
指导教师	特等奖团队指导教师获"最佳指导教师"证书；其余团队指导教师获"优秀指导教师"证书

创业营销全国演训活动入围规模：450支团队，其中本科组300支团队，职教组150支团队。总决选现场环节规模：160支团队，其中本科组100支团队，职教组60支团队。

7.2 备战"学创杯"全国大学生创业综合模拟大赛的技巧

1. 经营决策

（1）研发设计。

1）原料选择与产品设计。在产品设计之前，需要仔细阅读"系统帮助"＞"消费群体"了解整个行业的消费群体特性，然后选择设计最适合的产品来满足此类消费群体。在配置产品原料时，应在"系统帮助"＞"生产制造"中关注原料的价格走势以及市场是否紧缺等情况，以免影响后期生产经营；同时，功能配置并不是越多越好，相反，配置多于消费者需求反而会增加成本，最贴近消费者需求的产品更容易得到消费者认可并被购买。

2）研发周期问题。确定新产品名称，选择对应目标群体，之后新产品物料清单（Bill of Materials，BOM）中的物料配置好之后，BOM物料表右下方有对应的研发周期。研发周期为0的，表示无须研发，可以直接生产制造。研发周期为1的，需要进入产品研发模块，进行研发投入。

（2）生产制作。

1）当季撤销购买/租用固定资产。在购买的界面下方会有当季刚刚买入/租用的设备或厂房列表，单击列表最后面的"撤销"即可取消购买或租用。出售或退租厂房设备则进入生产车间界面的厂房列表区进行操作。

2）厂房和设备出售。可以当季出售的设备：设备上没有在制品，没有在搬迁中。线上工人转闲置状态，可以调整到其他有空位的线上。

可以当季出售/退租的厂房：厂房内没有任何设备。

设备在生产中时，可以预出售，季度末产品下线后，设备自动出售，工人转闲置状态。

当厂房内所有设备都预出售时，厂房可以预退租或出售。季度末，设备出售后，厂房自动退租或出售。厂房设备的搬迁出售等操作需要到生产车间界面的厂房列表区进行操作。

3）原材料如何撤销。对于本季度购买的原料，单击"原料子类"可看到明细购买记录，单击"撤销"按钮可以撤销购买操作，撤销后将原价返还购置款。

注意：已经拆分使用的原料不能撤销。

4）资质认证的用途与开始认证时间。在不同的市场下，不同订单对资质认证的要求各不相同，可以到"系统帮助">"生产制造"中查看。需要资质认证而没有认证完成则不能对该订单进行报价。资质认证有一定周期，所以需要提前投入。

5）投料生产产品。在公司界面，单击右边生产车间门口的蓝色箭头，选择厂房，进入厂房内部，单击各设备，选择需要生产的产品，下面有该产品对应的研发设计信息、BOM 原料配制表及原料平均成本和原料库存情况。在原料库存情况、设备产能和工人产能三者中取最小数，输入数量，单击"生产"即可。

6）提高设备实际产能。实际产能公式如下。

$$实际产能 = 设备最大产能 \times 设备成品率$$

其中，设备最大产能以设备本身最大产能与设备上工人合计最大产能两者中最小的为准。

7）设备升级与设备生产。设备成品率各设备都不相同，可以通过设备升级来提升。本季度升级，下季度生效。升级不影响产品生产。

8）生产线在实际生产过程中的次品处理。生产线由于具有成品率的因素，生产过程中会产生次品，次品做报废处理，次品相对应的原材料价值及加工费会自动分摊到产出的成品中。

（3）市场和销售。

1）查看本季度各市场需求。在"销售部">"产品报价"中可以看各市场各消费群体的购买量，从而总得需求。

2）设置产品报价上限数目。默认的报价上限是该市场的销售人员销售能力之和。这里数值可以修改，不超过本市场销售能力之和即可。每一季度市场销售（报价）时都应该正确核算自身企业具备的成品产能情况（成品 = 实际产能 × 成品率）和成品库存，再决定参与多少订单报价，报价时也可以设置调整销售人员或者直接设置上限数来控制，以免最后拿到太多订单导致违约。

3）报价的条件。报价的条件如下。

- 该市场已经开发完成。
- 该设备配备了销售人员，有一定销售能力。
- 该产品已经研发完成。

4）提高销售能力及销售能力体现。可以通过销售员培训提升销售能力。销售员的销售能力体现在本市场内的所有已经研发完成的产品上，即每个产品的销售能力均等。

5）市场需求曲线走势图与经营的关系。市场需求会随着市场竞争情况而发生改变，例如北京市场一季度预计购买量为 2000，二季度预计为 3000，如果所有的公司一季度都未在北京市场做任何销售活动，那么到二季度时，一季度的 2000 购买量会部分累积到二季度，所以二季度需求量会多于 3000。

6）公司如何进行广告宣传？可以在市场部进行广告投入，广告投入是针对具体产品的，广告投入具有时间累积性，但随着时间推移，前面投入的广告对后面季度的影响会越来越弱。例如某公司一季度针对 A 产品投入了 10000 元的广告，二季度又投入了 10000 元，则在二季度时，A 产品实际累积的广告效应应该大于 10000 元但小于 20000 元。

广告投放最低 1000 元，无上限，策略可根据预计销售额按比率投入广告，或者按照不同消费群体对品牌关注度制定不同投放额度，同时可以分析竞争对手策略适当调整。

7）影响消费者购买产品的因素。消费者购买产品根据五个因素如下。

- 产品功能：产品设计时确定的产品功能特点，功能越符合消费者诉求，销量越高。
- 产品品牌：每期针对产品投入的广告累积效应，效应越大，销量越高。
- 产品价格：每期报价时确定的销售价格，与竞争对手相比，价格越低，销量越高。
- 产品口碑：该产品累计在该类消费者上的销售量及交货量，越高则销量越高。
- 产品销售：该产品对应的销售人员的能力合计，能力越高，销量越高。

当然以上五个因素对不同消费者权重并不相同，权重越大的因素对最后销量影响也越大。季度结束后可以去市场部查看产品评价。当然，消费者购买量及订单分配不会超过设置的上限数。

（4）人力资源。

1）工人或销售人员招聘。单击方向盘上的市场，或者主界面进入交易市场。在交易市场场景里，门口处有人才市场，可以完成招聘工作。

2）工人或销售人员不签订合同的情况。若不签订合同，则在每期末被劳动部门按未签合同人数处以罚金。具体金额以系统数据规则为准。

3）工人、销售人员的培训／辞退。

- 工人培训／辞退：可以在制造部递交培训／辞退计划，然后在人力资源部执行工作。
- 销售人员：在销售部递交培训／辞退计划，然后在人力资源部执行工作。

季度中做辞退操作，在季度末生效。本期做培训操作，在下季度生效。

4）工人、销售人员辞退的后果。工人，销售人员在没有签订合同之前，可以在交易市场撤销招聘，不需要支付费用。一旦签订合同后，只能辞退，辞退结果在季度末生效，辞退当季度可以生产。当季度辞退不需要支付补偿金，但是需要支付工资；下一季度辞退需要支付补偿金和工资。

5）管理人员、工人、销售人员工资。管理人员指每个参赛小组的人员，小组人员工资指小组管理团队所有人员的季度工资，不分人数多少，均为 10000 元／组。工人工资为 3600 元／（人·季），销售人员工资为 4000 元／（人·季）。保险无需自己缴纳，季度末自动扣除所有人工资和保险。行政管理费 = 本季度（工人数 + 销售人员数）×1000 元／人。

(5)财务资金。

1)进入经营后扣除的第一笔资金。公司进入经营后需要支付一笔公司工商注册费用和本季度办公室租金。具体金额请查看数据规则。

2)经营中现金不足问题。

- 单击"银行">"信贷业务">"贷款"。
- 单击"财务部">"应收账款">"贴现"。根据货款到款周期不同,需支付的贴现利率也不同,具体利率请查看数据规则。
- 处理闲置的固定资产。
- 若季度初或者季度末出现资金断流情况,系统将自动给予紧急贷款,紧急贷款利率以及扣分情况,请参考学生端系统帮助。
- 授课中以上途径都不能筹资,学生可以向教师申请紧急借款。教师端可以给该小组发放紧急贷款。

3)借款额度问题。

- 银行借款额度:总授信额度和本期授信额度中取最小值。
- 总授信额度:上季末净资产与累计已借款金额的差。
- 本期授信额度:在教师端数据规则中设置。
- 紧急借款金额为 200000 元。季度初和季度末出现资金断流时系统自动发放。若一次紧急贷款不够,则发放两次,确保现金大于 0 元。

4)贷款还款问题。银行借款和紧急贷款期限都是三个季度,到期后在季度末结算时系统自动扣除。

2. 结果评分及财务指标

(1)企业平均财务综合评价。财务部或者总经理中有一个"财务报告">"财务分析",根据盈利、经营、偿债三个类型有一些分析指标,最后会得出一个总得分数,这是本企业财务综合评价。企业平均财务评价就是班级里所有企业的财务评价平均值。

(2)期初税费。

1)增值税精确数据需要自己计算,支付后的增值税可以在总经理决策历史中查看,资产负债表应交增值税中可以看到累积到当前需要支付的增值税。

2)所得税在总经理决策历史中查看,也可以查看当期损益表中的所得税。

3)要准确计算出期初要扣的增值税,就要把采购原料时的每一笔进项税(采购原料时可以看到)和销售产品时(根据交货时的金额可以算出)的每一笔销项税都详细记录下来,这样才能准确地了解到下期初是否需要缴纳增值税。

4)要准确计算所得税,需要做预计利润表,算出税前利润总额。

(3)营业税。只有当季有营业外收入才需缴纳营业税,否则不需要。

（4）季度末扣除的制造费用。在总经理处选择"决策历史"＞"历史决策"，可以看到决策明细，从中可以查看到"本笔现金将在期末支付！"，这笔费用就是制造费用，一般包括设备维护搬迁升级产品加工费等。

（5）营业成本。营业成本＝交货的成品数×单个成品固定成本（又称库存成本）。

（6）停工损失。

1）如果当季度某条生产线没有生产，则与该生产线有关的"生产线折旧费、生产线维修费、该生产线上的工人工资和五险"等计入"管理费用－停工损失"。

2）如果企业某一厂房内的所有生产线都停工，则该厂房的租金或折旧、生产线折旧费、生产线维修费、该生产线上的工人工资和五险等计入"管理费用－停工损失"。

（7）最后一季度与设备处理。卖设备是固定资产向流动资产的转换，不影响资产总额。设备处理操作影响评分的指标需要自己根据实际情况分析。

（8）最后一季度与贴现。是否需要贴现根据个人情况自己确定。贴现是应收账款向现金的转换，同时需要支付一定贴现利率。影响其他的评分标准的指标需要自己根据实际情况分析。

7.3　备战"学创杯"全国大学生创业营销大赛的技巧

1．创业营销模拟大赛

"营销之道"模拟的是一家以市场营销工作为重心的简单加工企业，参与管理公司的每位同学都可以选择总经理、直销总监、技术总监、市场总监、生产总监、财务总监、渠道总监、国际总监其中的一个角色，也可以由一位同学兼管多个角色相关的工作内容。每家企业初始时只有系统给予的600000元起始现金，经营团队可以根据系统中公开的各类数据规则、市场信息开始经营自己的企业。

（1）消费群体。每个公司在这个行业都需要面对时尚型、科技型、经济型、实用型四种需求各异的消费群体，不同消费群体对产品的关注与侧重点是有差异的，消费者从几个不同角度挑选评价产品：产品销售价格、产品功能配置、产品用户口碑、产品促销政策、产品服务政策、产品销售品牌、产品销售渠道。不同类型的消费群体对于以上几个方面的关注侧重度是不同的，一般侧重度越大的说明消费者越关注，对消费者是否购买该产品的影响也越大。

（2）市场需求。需要通过对国内市场、互联网、国际市场下的四种消费群体的购买量以及最高预算支出进行初步调查，得知国内市场、互联网、国际市场大约有多少人通过各种专卖店、经销商和大卖场购买商品。通过调查可以估算市场的潜在需求量，同时要注意，不同消费群体的最高预算支出不一样，当商品价格高于最高预算支出时，他们将不会购买该商品。

不同的时间，不同的渠道，市场需求以及最高预算支出是不一样的。我们可以根据当前季度实际市场需求量、实际消费者最高预算支出预测出下一季度的需求量增长率及下一季度的消费者最高预算支出增长率。

（3）设计研发。

1）产品设计。不同消费群体有不同的产品功能诉求，为了使产品获得更多消费者的青睐，每个公司需要根据这些功能诉求设计新产品。同时产品设计也将决定新产品的直接原料成本高低。一般来说，产品功能越多，直接原料成本就越高，研发周期也会越长。在创业营销模拟大赛中，对于已经开始研发或研发完成的产品，其设计是不可更改的，每完成一个新产品设计需立即支付10000元设计费用，每个公司在经营期间最多可以累计设计5个产品。在进行产品研发时，要考虑制造成本以及消费者对产品各功能的喜爱程度。

2）产品研发。公司根据功能诉求设计新产品后，需要对新产品进行研发。不同的产品设计，其研发周期不同。新产品每期研发需支付10000元研发费用。在进行产品研发时，要考虑制造成本以及消费者对产品各功能的喜爱程度。产品的不同功能组成部分可以由不同的原材料组成，因而不同的消费者对同一种产品甚至同一种原材料有着不同的看法。

（4）市场营销。

1）市场开发。整个市场根据地区可划分为多个市场区域，每个市场区域下有一个或多个销售渠道可供公司开拓，开发销售渠道除了需要一定的开发周期外，每期还需要一笔开发费用。每个公司可以通过不同的市场区域下已经开发完成的销售渠道，把各自的产品销售到消费者手中。市场主要分为国内市场、国际市场、互联网市场，其中国内市场又分为华东、华北、华中、华南、东北、西北、西南。各个市场的开发周期和每期的开发费用都是不同的。但是，互联网市场是个特殊的市场，它没有开发周期，开发互联网市场以后，每期都要交付互联网维护费用。

2）产品推广。产品推广主要指广告宣传和服务策略两部分。每个市场每期均可以投入一笔广告宣传费用，某一期投入的广告对未来若干季度是有累积效应的，一般投入当季效应最大，随着时间推移，效应逐渐降低。产品的推广也需要制定合适服务策略，不同的服务策略有不同的开销。服务做得越好，就会受到消费者越来越多的信赖。

3）促销人员。销售人员是必不可少的。销售人员主要体现在"专卖店"和"大卖场"两个地方。需要在专卖店和大卖场中配置销售人员，配置的人员越多，销售能力就会越大。

4）订单报价。在每个经营周期中，对于已经完成开发的渠道，将有若干来自不同消费群体的市场订单以每个公司为单位进行报价。每个市场订单均包含以下要素。

- 购买量：每次配送到渠道的数量。
- 回款周期：回款周期可以是 1 个周期，也可能是多个周期。其表示拿到营业收入的时间。
- 最高承受价：每个消费群体在各个渠道中所能承受的最高报价。如果报价超过某消费群体最高报价，则该消费群体会放弃选择这个产品。所以在报价的时候一定要考虑这个因素。

（5）生产制造。

1）设备购置。

- 购买价格：购买设备所要即时支付的费用。
- 设备产能：在同一个生产周期内最多能投入生产的产品数量。
- 单件加工费：加工每一件成品所需的加工费用。
- 折旧率：指每季度按该折旧率对该固定资产进行提取折旧。设备从购买后的下一季度开始计提折旧。

2）原料采购。投料生产时自动采购原材料，价格与产品设计时原材料单价相同。实际支付时要加上进项税。

3）制造成本。原材料采购到最终成品下线过程中包含以下成本。

- 每个原材料采购时不含税实际成交的价格。
- 每个产品生产过程中产生的产品加工费。

成品库存管理。成品库存管理采用先进先出法，最先下线入库的成品将被优先用于交付订单需求。

4）产品配送。根据各市场需求制定的营销策略，向华东、华北、华中、华南、东北、西北、西南、互联网、国际市场等市场配送产品数量。

产品配送的条件：市场必须是已经开发；配送数量不能超过库存数量；公司资金必须大于配送费用。不同的地区配送的费用也是不相同的。例如：总部所在地运输费用是 20 元 / 件，而其他地区的运输费用是 25 元 / 件。

渠道库存转移：可以把各渠道积压的库存运回仓库，再从仓库向其他渠道配送。

（6）结果评分及财务指标。综合表现分数计算法则如下。

$$综合表现 = 盈利表现 + 市场表现 + 成长表现$$

基准分数为 100.00 分，各项权重分别如下。

- 盈利表现权重 35.00 分。
- 市场表现权重 40.00 分。
- 成长表现权重 25.00 分。

如果出现紧急贷款，综合分值会扣除 1.00 分 / 次。各项权重由讲师设置。

1）盈利表现。

　　盈利表现＝所有者权益／所有企业平均所有者权益×35.00（盈利表现权重）

盈利表现最低为 0.00 分，最高为 70.00 分。

2）市场表现。

　　市场表现＝（本企业累计已交付的订货量／所有企业平均累计交付的订货量）

　　　　　　　×市场表现权重

　市场表现＝[（国内市场交付数量／所有企业国内市场平均累计交货数量×0.60）

　　　　　　　＋（国际市场交付数量／所有企业国际市场平均累计交货数量×0.15）

　　　　　　　＋（网络市场交付数量／所有企业网络市场平均累计交货数量×0.25）]

　　　　　　　×40.00（市场表现权重）

市场表现最低为 0.00 分，最高为 80.00 分。

3）成长表现。

　　　　成长表现＝（本企业累计销售收入／所有企业平均累计销售收入）

　　　　　　　×25.00（成长表现权重）

成长表现最低为 0.00 分，最高为 50.00 分。

第 8 章
全国大学生人力资源管理专业主要竞赛

本章导读

本章主要介绍全国大学生人力资源管理综合能力竞赛的基本情况、竞赛要求、竞赛特点、备战技巧、HR 大数据分析和 HR 实务设计的竞赛规则、HR 模拟经营、HR 职业实战赛项等内容。读者应在了解人力资源管理相关赛事的基础上重点掌握全国大学生人力资源管理综合能力竞赛备战技巧、各类人力资源（Human Resources, HR）赛事规则等内容。

本章要点

- 全国大学生人力资源管理综合能力竞赛的要求
- 人力资源管理类竞赛的特点
- 备战中国大学生人力资源创新实践大赛
- HR 大数据分析竞赛规则
- HR 实务设计环节竞赛规则

8.1　认识全国大学生人力资源管理综合能力竞赛

8.1.1　全国大学生人力资源管理综合能力竞赛简介

党的二十大报告首次将教育、科技、人才工作进行一体部署，把三者作为一个完整的体系统筹推进，为新时代教育、科技、人才工作指明了前进方向。为进一步推进实践育人工作开展，加强就业创业教育，推动经管类特别是人力资源管理专业的实践教学改革，提高人才培养质量，搭建全国各高校专业交流平台，中国人力资源开发研究会于每年定期举办全国大学生人力资源管理综合能力竞赛（原全国大学生人力资源管理知识技能竞赛），竞赛分为高职组、本科组、研究生组、特邀参赛组。竞赛是面向全国各省、市、自治区高校的人力资源管理及相关专业在校大学生的专业竞赛项目，竞赛分为校赛、区域赛和总决赛。

竞赛软件采用浙江精创教育科技有限公司提供的"人力资源管理智能仿真与竞赛对抗平台"和"人力资源大数据分析综合实践平台"。竞赛组委会于每年 1 月正式启动赛前培训报名工作，开展赛前培训。报名截止日期一般为每年的 3 月份，区域赛和总决赛报名时间另行通知。竞赛只接受院校主体报名，不接受学生个人报名。竞赛相关信息，包括竞赛通知、赛前培训报名、参赛报名、竞赛训练、技术文件下发等发布于竞赛官网。

1. 竞赛组织

（1）主办单位：中国人力资源开发研究会。

（2）技术支持：浙江精创教育科技有限公司。

2. 参赛对象

全国高等学校（含本科和高职高专类院校）具有正式学籍的全日制在校专、本科和研究生，人力资源及其相关专业均可。

3. 竞赛形式

竞赛分为校赛、区域赛和全国总决赛，设置高职组、本科组、研究生组、特邀参赛组。其中研究生组、特邀参赛组直接进入总决赛，单独竞赛、单独设奖。

竞赛为团体赛，以院校为单位组队参赛，不得跨校组队，每支参赛队由 2～3 名参赛选手、1～2 名指导教师组成。

各院校可参考区域赛形式自行组织校赛，选拔团队参加区域赛，报名区域赛队伍数量（每所院校限 10 支队伍）不得超过校赛队伍数量的 50%。

4. 竞赛内容

区域赛分为 HR 大数据分析和 HR 实务设计两个环节，全国总决赛分为 HR 模拟经营和 HR 职业实战两个环节。具体分为 HR 大数据分析（线上）、HR 实务设计（线下）、HR 模拟经营（线上）、HR 职业实战（线下）四个比赛环节。

5. 时间安排

（1）赛前培训报名时间：每年 1 月 1 日—3 月 10 日。

（2）赛前培训时间：每年 2 月 11 日—3 月 15 日（线上）。

（3）校赛时间：每年 2—3 月。

（4）区域赛时间：每年 4—9 月。

（5）总决赛时间：每年 9—11 月。

注：具体安排按照实际参赛情况及各赛区/总决赛邀请函为准。

6. 赛前培训报名

参训队伍以院校为单位进行赛前培训报名，每支参训队伍选派一名参训代表报名。

报名方式：通过组委会指定网址进行报名，登录官网后点击"竞赛报名"＞"赛前培训报名"进入报名界面填写报名信息。

7. 晋级规则

（1）校赛：由各参赛院校自行组织，报名区域赛队伍数量（最多不超过 10 支队伍）不超过校赛队伍数量的 50%。

（2）区域赛：HR 大数据分析环节得分排名靠前的参赛队伍（含高职组、本科组）晋级 HR 实务设计环节。HR 实务设计环节结束后，各竞赛组内两个环节的综合成绩排名靠前的参赛队伍晋级总决赛。

（3）总决赛：各竞赛组内 HR 模拟经营环节最终得分排名靠前的参赛队伍（含高职组、本科组且每所院校最多晋级一支队伍）晋级 HR 职业实战环节。

注：具体晋级比例或数量按照实际参赛情况及各赛区/总决赛邀请函为准。

8. 奖项设置

竞赛设团队奖、优秀指导教师奖、优秀组织奖与特色奖。

（1）团队奖：区域赛和总决赛根据各竞赛组内的综合成绩从高到低进行排名，分别评选出特等奖、一等奖、二等奖、三等奖。

（2）优秀指导教师奖：大赛为获奖的参赛队伍指导教师颁发优秀指导教师证书。

（3）优秀组织奖：对大赛开展过程中，学生参与度高、大赛成绩突出、影响力较大的组织单位，授予"优秀组织奖"。

（4）特色奖：根据各参赛队伍在大赛环节中的突出表现设置"最具潜力奖""最佳风采奖"等奖项。

9. 竞赛练习平台

组委会为参赛学生团队提供竞赛练习平台，参赛学生可自行在平台上注册和训练。

8.1.2 全国大学生人力资源管理综合能力竞赛内容

本赛事的区域赛分为 HR 大数据分析（线上）和 HR 实务设计（线下）两个环节；全国总决赛分为 HR 模拟经营（线上）和 HR 职业实战（线下）两个环节。

1. HR 大数据分析（线上）

运用于大数据思维与技术，通过"人力资源大数据分析综合实践平台"从人力资源的选、育、用、留角度出发，在大数据技术的支持下，对人才资源管理离职风险、人才供需、人才发展、培训需求等工作进行诊断性分析和预测性分析，为人力资源决策提供辅助支持。

2. HR 实务设计（线下）

各参赛队伍根据 HR 大数据分析环节生成的 HR 大数据分析报告，运用人力资源管理专业知识，结合参赛队伍业务分析思路，对人力资源选、育、用、留相关实务进行设计并对其内容进行答辩阐述。

3. HR 模拟经营（线上）

采用分组对抗与模拟经营的方式，各参赛队组建不同的公司，基于同一案例背景下，通过"人力资源管理智能仿真与竞赛对抗平台"软件操作进行对抗竞争。通过对软件内置的"人力资源规划""工作分析中心""招聘与甄选中心""培训与开发中心""绩效管理中心""薪酬管理中心""员工关系管理中心""产品中心"这八个模块的操作，实现人力资本投资回报率和人力价值的提升。

4. HR 职业实战（线下）

各参赛队伍需围绕赛前组委会公布的主题和框架，结合人力资源管理专业知识，对人力资源人员招聘、劳动争议、绩效反馈面谈等核心职业情景进行分析设计，并通过团队角色扮演的方式进行演绎。

由于本赛事的区域赛竞争较为激烈，下面主要介绍区域赛 HR 大数据分析和 HR 实务设计两个环节的竞赛规则。

8.1.3 HR 大数据分析和 HR 实务设计环节竞赛规则

1. HR 大数据分析环节竞赛规则

为贯彻落实国家发展战略，实现新形势下人力资源专业人才培养模式的转变，深化产教融合、校企合作，创新高校人才培养机制，为社会培养输送更多的数字化人才。竞赛以推广人力资源行业数字化新技术、提升学生专业技能、协同高校学科建设、推动行业创新发展为目的，旨在激发高校学生参赛热情，提升人力资源理论学习与实践创新能力，推动相关技术的研究和成果转化，助力人力资源专业建设高质量发展。

人力资源大数据分析综合实践平台从人力资源的选、用、育、留角度出发，在大数据技术的支持下，对人才供需规划预测、简历智能诊断、发展规划诊断、人才数字画像、培训需求挖掘、培训效果诊断、离职情感挖掘、离职风险预测等进行诊断和预测，从而为人力资源提供辅助支持。

人力资源大数据分析综合实践平台需要同学们了解人力资源大数据分析的基础知识，了解人力资源大数据分析的优势、人力资源大数据分析的必要性等，提升大数据分析思维和数据分析能力，掌握数据分析的基本方法、技巧和知识，为将来从事人力资源大数据相关领域的工作打下坚实的基础。

（1）竞赛内容与方式。

1）第一轮：技能比拼和案例报告。

技能比拼：上机考试；竞赛时间为40分钟。

案例报告：根据给定的案例背景及数据进行数据分析，并提交分析报告；竞赛时间为1天。

2）第二轮：案例答辩。

案例答辩：第一轮成绩前60%的团队参与案例答辩。根据提交的报告进行答辩，每支队伍的答辩时间为5～10分钟。

（2）竞赛成绩构成。本赛事共包括技能比拼及案例报告、现场答辩两轮比赛，第一轮比赛成绩占总成绩的70%，其中技能比拼成绩占30%，案例报告成绩占70%；第二轮比赛成绩占总成绩的30%。

（3）评审方式与评分标准。

1）第一轮评分：技能比拼和案例报告。

技能比拼要求参赛队员必须全部参加，每名队员满分100分，技能比拼成绩取4名队员的平均分，成绩由系统自动给出。即：技能比拼成绩（团队）=（队员1成绩+…+队员4成绩）/4。

案例报告成绩由专家组考核评出，专家组由3～5位院校教授、企业专家或行业专家组成。案例报告成绩取各专家评分的平均分，即案例报告成绩（团队）=（评委1成绩+…+评委N成绩）/N。

根据第一轮前两项的成绩计算第一轮排名，技能比拼和案例报告的权重分别为30%和70%，即第一轮成绩=技能比拼成绩×30%+案例报告成绩×70%。根据第一轮成绩从高到低排名，前60%参加第二轮比赛。

2）第二轮评分：案例答辩。

案例答辩成绩由专家组考核评出，取各专家评分的平均分，即案例答辩成绩（团队）=（评委1成绩+…+评委N成绩）/N。

团队的最终评分由两轮成绩加权计算得出，即最终评分 = 第一轮成绩 ×70%+ 第二轮成绩 ×30%，由最终评分确定名次。

注：总成绩相同时，以案例报告成绩靠前者为先。

2. HR 实务设计环节竞赛规则

（1）竞赛形式。各参赛队伍根据 HR 大数据分析环节生成的系统实验报告，以案例分析思路、数据价值处理逻辑、数据挖掘模型筛选、结论应用拓展 4 个核心维度，结合人力资源管理专业知识，对 HR 大数据分析环节的操作和分析进行整体论述，论述完毕后由评委进行提问。

（2）抽签分组及答疑规则。HR 实务设计环节以答辩的形式进行，评委与参赛队伍需双向匿名，抽签方式将全程采取加密。竞赛根据 HR 大数据分析环节的晋级情况分为 4 个竞赛组，所有竞赛组同时进行，且各组成绩互不影响。

大赛组委会发布《第五赛区参赛队伍抽签代码表》，上传至 QQ 队长群，各参赛队伍可通过输入队长手机号获取参赛队伍代码，获取代码后请务必妥善保存切勿外漏。

抽签分组及答疑时间将通过腾讯会议线上直播进行，抽签抽的是各参赛队伍的代码。抽签分组结束后会将结果上传至 QQ 队长群，结果公示格式为工位号 + 参赛队伍代码，如：A01-6577，届时请各位队长及时关注群通知。

（3）竞赛流程。各参赛队伍参与答辩之前需提前 3 天向组委会指定邮箱（222333@qq.com）发送答辩 PPT，PPT 格式要求如下：文件名为"院校名称 - 队伍名称 - 队长姓名"，文件后缀名为".pptx"，页面尺寸为 16:9（PPT 仅接收一次，发送之后不可修改，请务必谨慎提交）。

各参赛队伍在签到处签到时，需与工作人员核验工位号并领取工位号贴纸。

签到完成后，请根据工位号和场地指引务必到对应比赛场地进行熟悉。

熟悉场地后，请根据答辩时间表确定己队答辩时间，务必于答辩时间开始前 60 钟抵达检录室检录。答辩共分为 4 个竞赛组，4 个竞赛场地同步进行。各参赛队伍请根据工作人员指示完成检录，进入检录室及比赛场地前，参赛队伍成员需将工位号贴纸贴于胸前显眼处，将作为入场资格识别。

注：时间表仅供参考，一切以当天比赛进度为准。若比赛进度较快，工作人员将通过手机联系队长提前到达检录场地，请队长比赛当天务必保持手机通信通畅。

展示陈述通过 PPT 进行，由一名队员负责答辩（正装），可指定另一名队员切换 PPT。展示陈述时间不超过 10 分钟，评委问辩点评不超过 5 分钟，由工作人员负责计时。竞赛现场提供电脑、投屏、放映笔、扩音设备。

（4）评分规则。区域赛综合成绩由 HR 大数据分析和 HR 实务设计两部分成绩加权得出，并根据各竞赛组内综合成绩从高到低进行排名，评选出区域赛特等奖、一等奖、二等奖、三等奖及晋级总决赛预选赛的参赛队伍。

综合成绩 =HR 大数据分析得分 ×40%+HR 实务设计得分 ×60%

HR 大数据分析得分 =HR 大数据分析系统得分

HR 实务设计得分 =HR 实务设计评委评分－超时扣分

HR 实务设计评委评分：参赛队伍答辩结束后，由所在竞赛组内评委对参赛队伍进行评分，共 5 位评委评分，去掉 1 个最高分，去掉 1 个最低分，剩余 3 个分数的平均分即为对应参赛队伍 HR 实务设计评委评分（HR 实务设计评委评分已包含除超时扣分外的违规扣分）。评价标准见表 8-1。

表 8-1　评分标准

评分项目	评分说明	分值
分析报告及展示陈述（65%）	1．HR 大数据分析业务问题和分析目标准确	15
	2．HR 大数据分析分析思路合理，逻辑清晰	15
	3．HR 大数据分析对策与建议切实可行，围绕主题	15
	4．团队组织合理，分工合作、配合得当、服装整洁，举止文明，表达清楚	10
	5．提交演讲 PPT 的逻辑结构合理，内容介绍完整，演讲、文字、图表清晰通顺	10
答辩环节（35%）	1．准确理解评委的提问要点，切题回答	10
	2．回答逻辑清晰、结构明确、通顺流畅	10
	3．回答内容真实可信，论述有说服力，能联系实际举一反三	15
总分		100

违规扣分。答辩过程中若有下列情况则视为违规，具体扣分情况如下。

1）若展示陈述或 PPT 出现院校信息，即若以各种形式（文字、口头）透露自己所在院校信息，扣 5 分。

2）若展示陈述或 PPT 出现色情、暴力元素，与中华人民共和国法律法规相抵触，扣 30 分，若情节严重，取消竞赛资格。

3）展示陈述时间超时，每超时 1 分钟（不足 1 分钟按 1 分钟计）扣 2 分。

4）答辩过程恶语相向或出现不文明行为，扣 30 分，若情节严重，取消竞赛资格。超时扣分的扣分基数为 HR 实务设计评委评分。

（5）排名规则。各参赛队伍根据所在组内综合成绩从高到低进行排名，不设并列名次，如果综合成绩相同，则 HR 实务设计得分高者排名靠前。

8.2　认识中国大学生人力资源创新实践大赛

8.2.1　中国大学生人力资源创新实践大赛简介

HRU 大学生人力资源职业技能竞展汇（以下简称"HRU 竞展汇"）是由中国劳动关系学院举办，中国光华科技基金会公益支持的一项顶级全国性专业活动，至 2024 年已连续举办九届。HRU 竞展汇旨在促进新商科应用型人才培养，加强各高校青年人才专业交流，促进青年人才培养，为中华民族伟大复兴培养 HR 专业的先锋力量。通过 HRU 竞展汇增强人力资源专业和相关专业青年大学生民族复兴的担当，提振大学生的骨气和底气。通过竞展汇推动教育教学改革，带动高校培养匹配国家建设和企业需求的复合型、应用型人力资源毕业生，提高大学生就业质量，让青年大学生在实践中不负时代、不负韶华。

由中国劳动关系学院劳动关系与人力资源学院发起创办的中国大学生人力资源创新实践大赛（以下简称"HRU 大赛"，原中国大学生人力资源职业技能大赛）成功入选《2023 全国普通高校大学生竞赛分析报告》观察目录。全国普通高校大学生竞赛目录及观察目录由中国高等教育学会组织审查后发布，入选竞赛均为教育主管部门认可的专业领域内影响力大、最具含金量和参赛价值的赛事。

HRU 大赛是面向全国人力资源管理及相关专业的学科竞赛，经过多年积极探索，形成了"校赛＋省级＋地区赛＋全国赛"的四级赛事。大赛立足于服务国家构建和谐劳动关系总体战略要求，通过校校合作、校企合作等形式实现以赛促教、以赛促学、产教融合，积极推动高校相关专业的教学合作及创新应用型专业人才培养，助力大学生高质量就业。

HRU 大赛多年来坚持立足国家人才发展战略，响应国家应用型人才培养需求，落实我国"十四五"规划中"专业功底扎实、实践能力突出的高素质应用型、复合型、创新型人才"培养目标的具体体现。HRU 大赛将在国家创新驱动战略指引下，坚定人才就是第一资源，不断拓宽夯实大赛平台，以培养具有创新意识和实践精神的高素质应用型人才为目标，为培养中国式现代化建设需要的社会主义建设者贡献力量。

8.2.2　中国大学生人力资源创新实践大赛赛道介绍

中国大学生人力资源创新实践大赛包括 7 个赛道。

1. 实务设计赛道

实务设计赛道由 3 名选手通过团队合作完成（如选手人数有限，至少要求 1 名选手完成）。大赛组委会提前发布实务设计赛题，选手需要在规定期限内完成 PPT、PDF、Word 形式的设计作品（文件的排版要求和模板由组委会统一提供），并在地区赛（前一个月或半个月）提交实务设计文件到大赛指定邮箱或官网系统。比赛当天，团队按照抽签顺序进行展示，每个团队展示时间为 5 分钟。展示完成后，评委老师根据方案的质量与选手现场表现等综合素质进行点评及提问，团队 3 名选手共同参与问答。

2. 职场实战赛道

参赛选手按照赛前抽取序号依次上场。选手上场前 5 分钟拿到题目并在规定时间内思考。选手根据赛题要求，在 5 分钟内与助演学生沟通，努力解决问题或矛盾。选手上场后与组委会的学生助演进行情景模拟或角色扮演。本赛道主要考察选手的专业能力、应变能力、语言表达能力和逻辑思维能力。评委将根据选手的现场表现打分和点评。

3. 案例分析赛道

参赛选手在上场前 5 分钟拿到题目，在规定的时间内思考。上场后，在 5 分钟内向评委陈述问题分析和解决方案。本赛道主要考察选手的专业能力、信息提取能力和表达能力。评委将根据选手解答内容和现场表现打分和点评。

4. 无领导小组讨论赛道

参赛选手在赛前随机分组。上场后，每组选手在规定时间内完成无领导小组流程，即赛题阅读、思考、个人观点陈述、自由讨论、总结汇报。本赛道主要考查选手的专业能力、问题分析能力、团队协作能力、应变能力。侧重考查选手的行为举止、语言表达能力和情绪的稳定性。评委将根据选手表现打分和点评。

5. 劳动争议处理赛道

参赛选手在上场前 5 分钟拿到题目，在规定的时间内思考。上场后，在 5 分钟内向评委陈述劳动争议分析和解决方案。每位选手有 5 分钟的答题时间。评委根据选手解答内容和现场表现打分和点评。在比赛过程中，选手不得查阅任何法条文件。

6. 数字 HR 实操赛道

数字 HR 实操赛道由 3 名选手通过团队合作完成（如选手人数有限，至少要求 1 名选手完成）。组委会协调技术支持企业在赛前提供线上赛道培训、训练。参赛团队按照组委会安排提前在线上完成地区赛和总决赛竞赛任务。地区赛任务是完成人力资源数字化管理系统实务。总决赛任务是完成人力资源大数据分析。总决赛比赛当天，团队按照抽签顺序进行数字 HR 问答，每个团队展示时间为 5 分钟。展示完成后，评委老师根据线上任务完成质量与选手现场表现等综合素质进行点评和评分，团队 3 名选手共同参与问答。

7. HR-English 赛道（方式参考案例分析）

HR-English 赛道需要进行 30 秒英文自我介绍（该时间不计入答题 5 分钟内），参赛选手会在上场前 5 分钟拿到题目，在规定的时间内思考，然后上场用英文叙述自己的分析和解决方案。本赛道主要考察选手的专业能力、信息提取能力和表达能力。评委将根据选手解答内容和现场表现打分和点评。地区赛不设置此赛道。HR-English 成绩不纳入团队成绩，进入总决赛的代表队可任选参加该赛道。

8.2.3　第九届中国大学生人力资源创新实践大赛实务设计赛道和数字 HR 实操赛道竞赛内容

2024 年，第九届中国大学生人力资源创新实践大赛主要以实务设计赛道和数字 HR 实操赛道为主。

1. 实务设计赛道内容

中国大学生人力资源创新实践大赛实务设计赛道考查 3 个技术方案：校园招聘方案、员工赋能方案、人才梯队建设方案。3 个技术方案都要运用新媒体、AI、大数据、数字化技术。

（1）地区赛竞赛内容。

1）竞赛要求：地区赛前至少一个月，地区赛执委会发布本赛区 3 个不同的企业背景材料和数据，一个企业背景和数据对应一个技术。各参赛队通过抽签方式随机抽取一个技术，结合企业背景材料和数据设计方案，在地区赛执委会要求的时间前向赛区提交方案报告 PDF、Word 版，同时提交现场展示 PPT。现场展示 5 分钟，评委结合方案报告和现场展示对选手点评和提问。问答环节中，该赛道的 1～3 名选手可以一起回答问题。该赛道为开放赛道，各校该赛道选手可以通过查阅材料、校内外导师指导、企业 HR 指导等渠道学习，完成方案报告。

2）地区赛分值配比：方案报告占比 50%，现场展示问答占比 50%。

（2）总决赛内容。总决赛的竞赛要求与地区赛竞赛要求相同。总决赛分值配比：简历占比 2%，方案报告占比 48%，现场展示问答占比 50%。

2. 数字 HR 实操赛道竞赛内容

本赛道结合人力资源大数据发展趋势，结合企业信息化实践，考查学生对数字化与人力资源管理专业的理解和应用实践能力。

（1）地区赛数字 HR 实操赛道竞赛内容。参赛团队按照组委会安排在地区赛现场比赛前线上完成地区赛竞赛任务。比赛内容主要考核人力资源数字化管理系统实务，采用"金蝶 E 云实务考试系统""金蝶 s-HR 企业管理平台"进行考核和评分，每队共同完成一套实务题。线上实操，不设置现场展示问答部分。如赛区在本赛道有单独设计，请在地区赛方案中说明。经组委会批准后，在赛区执行。

（2）总决赛数字 HR 实操赛道竞赛内容。总决赛包括线上实操（人力资源大数据分析）及线下实务设计（企业数字化应用）两个环节，主要考核参赛队伍大数据处理分析能力、数字 HR 的专业素养和应变能力。

1）数字 HR 线上实操环节：线上实操环节主要考核利用人力资源数字化管理系统进

行大数据分析，采用"金蝶 E 云实务考试系统""金蝶 s-HR 企业管理平台"进行考核和评分，每队共同完成一套线上实操题。该环节在总决赛现场比赛前，按照大赛组委会安排的时间，各校代表队在线完成任务，系统后台评分。该环节任务不在总决赛现场集中完成。

2）数字 HR 线下实务设计环节：

- 大赛组委会提前发布数字 HR 实务设计赛题（至少提前一个月发布企业信息和赛题要求），选手需要融入大数据技术、数字化技术、AI 技术为企业人力资源体系设计优化方案。设计方案中根据需要用到数据建模。
- 选手要在规定期限内完成设计方案（提交 PDF、Word 版），并同时提交总决赛现场展示 PPT。3 种形式的设计作品的文件排版要求和模板由组委会统一提供，至少提前半个月提交实务设计文件到大赛指定邮箱或官网系统。
- 现场比赛当天，团队按照抽签顺序进行展示，每个团队展示时间为 5 分钟。展示完成后，评委老师根据方案的质量与选手现场表现等综合素质进行点评及提问，团队 1～3 名选手可共同参与问答。

数字 HR 实操赛道分值配比：简历占比 2%，数字 HR 线上实操环节占比 28%，线下实务设计方案占比 35%，线下实务设计答辩占比 35%。

第 9 章
全国高校商业精英挑战赛创新创业竞赛

本章导读

本章主要介绍全国高校商业精英挑战赛创新创业竞赛的发展、竞赛流程、影响力、参赛对象、创业项目要求、参赛策略和备战技巧等内容。读者应在了解全国高校商业精英挑战赛创新创业竞赛基本情况的基础上重点掌握创业项目的要求、参赛策略等内容。

本章要点

- 全国高校商业精英挑战赛创新创业竞赛的目的
- 全国高校商业精英挑战赛创新创业竞赛的价值
- 创业项目要求
- 参赛策略

9.1　认识全国高校商业精英挑战赛创新创业竞赛

1. 全国高校商业精英挑战赛

全国高校商业精英挑战赛是由中国国际贸易促进委员会商业行业委员会牵头，会同有关专业协会（学会）、事业单位联合主办的赛事，简称"CUBEC"。全国高校商业精英挑战赛设置品牌策划、国际贸易、会计与商业管理案例、物流与供应链、创新创业、流通业经营模拟、营销模拟决策、跨境电商、会展创新创业实践、商务谈判、商务会奖旅游、酒店管理、国际经贸与商务共13项专业竞赛，累计参赛院校数量1560余所。总决赛举办地遍及境内及境外。全国高校商业精英挑战赛各专业赛事均实现了境内与境外竞赛相衔接，经过十余年的发展，已成为我国高等商科教育领域中，专业全覆盖、赛项最齐全、校企合作最深入、国际交流最广泛的赛事活动；集学科竞赛、产学合作与国际交流三位一体的创新实践平台，形成了政府认可、企业肯定、媒体关注和院校欢迎的良好局面。

全国高校商业精英挑战赛部分赛项已连续两年纳入由中国高等教育学会高校竞赛评估与管理体系研究工作组发布的《全国普通高校大学生竞赛排行榜》。

2. 全国高校商业精英挑战赛创新创业竞赛简介

随着全球经济的快速发展，创新与创业成为推动进步的两大核心要素。尤其在经济全球化的今天，无论是国家、企业，还是个人，创新创业都已经成为了实现持续发展的关键。在这样的大背景下，各种形式的创新创业竞赛应运而生，而全国高校商业精英挑战赛创新创业竞赛则在其中脱颖而出。

在2022年2月中国高等教育学会高校竞赛评估与管理体系研究工作组发布的《2021全国普通高校大学生竞赛排行榜》中，全国高校商业精英挑战赛创新创业竞赛（以下简称"竞赛"）已纳入该排行榜，赛事序号为52号。

全国高校商业精英挑战赛创新创业竞赛起初主要针对电子商务专业的学生，旨在鼓励学生充分发挥专业特长和创新能力，结合电商行业优势提升创业意识和创业能力。经过多年发展，"竞赛"现已成为以电商领域为主，兼顾移动互联网、智能硬件、新能源、新材料、物联网等不同专业、多层次的"双创"竞赛。每届全国总决赛现场都会邀请业内著名的互联网企业以及知名投资机构的专家面对面指导参赛团队并提出建议，助力大学生创业团队项目及初创企业落地和完善，是提升全国大学生整体创新能力和商业嗅觉，发现并培养未来创新人才，整合各类创新创业资源及高校大学生优秀创业项目交流切磋的全国性平台。

全国高校商业精英挑战赛创新创业竞赛总决赛曾在北京、杭州、天津、东莞、珠海、深圳、海口、三亚举办，积极为信息化推动经济贸易现代化，加快培养具有信息化应用能力的应用型、创新型和复合型经济贸易人才做出努力。2022年竞赛首次加入软件模拟环节。竞赛同时组织参加各类国际会议、论坛及交流活动；组织赴国（境）外权威机构开展学术交流和培训，研讨分享与实地研习，教学与科研相结合，促进对外交流和综合能力提升。2017年和2018年，中国国际贸易促进委员会商业行业委员会先后两届主办内地与港澳地区数字经济创新创业竞赛，竞赛由香港特别行政区务学会、澳门特别行政区务学会和澳洲管理会计师公会协办，组织中国内地院校与香港特别行政区和澳门特别行政区同台竞技。应全球华人营销联盟的邀请，2019年中国国际贸易促进委员会商业行业委员会组织中国大陆地区院校赴新加坡参加数字经济创新创业竞赛。该竞赛由全球华人营销联盟主办，中国国际贸易促进委员会商业行业委员会和新加坡营销协会共同协办，大赛采用中英文项目展示演讲和答辩方式进行，各国家和地区的参赛选手纷纷使出浑身解数，运用不同的方式展示策划项目，展现方式形象生动，形式不拘一格。

全国高校商业精英挑战赛创新创业竞赛是一个集思想碰撞、商业模式探索、团队协作于一体的平台。它不仅是一个挑战，更是一个机会，一个将理论与实践相结合，让创新思维得以具象化，让创业理念得以落地的机会。它旨在发掘和培养具有前瞻性视野、创新思维和实干精神的商业领导者。

全国高校商业精英挑战赛创新创业竞赛的独特性在于它的全方位和实战性。它不仅强调商业理论知识的积累，也强调实践技能的提升。它鼓励参赛者深入研究市场，明确定位，创新产品，优化服务，从而更好地满足客户需求。同时，全国商业精英挑战赛创新创业竞赛也高度重视团队合作和跨领域学习。在竞赛过程中，参赛者需要携手合作，充分发挥各自优势，共同面对挑战，共同寻找解决方案。

全国高校商业精英挑战赛创新创业竞赛的意义在于它为参赛者提供了一个锻炼和展示自己的舞台，为他们提供了了解商业、掌握商业知识和技能的机会。它为社会输送了一批具备创新思维和创业能力的人才，为社会的创新创业环境注入了活力。

3. 竞赛流程

初期筛选阶段。在这个阶段，参赛者提交一份关于商业想法的初步概述。这不仅要求参赛者有一个创新且实用的商业想法，同时也需要他们能清晰地表达这个想法，使得评委能够理解并对其进行初步评估。这个阶段帮助参赛者锻炼了他们的思考能力和表达能力，使他们更加明确自己的商业理念，并能够将其有效地传达出来。

商业计划书编写阶段。在初步筛选过后，参赛者需要根据他们的商业想法编写一份详细的商业计划书。这份计划书需要包含市场分析、产品或服务描述、营销策略、运营计划、财务预测等内容。这个阶段的目的是帮助参赛者深入理解自己的商业想法，并能够系统地将其落实到实践中。通过编写商业计划书，参赛者可以对自己的商业想法有更深入的思考，同时也可以提升他们的商业知识和技能。

现场展示阶段。在这个阶段，参赛者需要将他们的商业计划书以口头报告的形式展示出来。这不仅需要参赛者有扎实的商业知识，同时也需要他们有优秀的演讲技巧。这个阶段帮助参赛者提升了他们的公开演讲技巧，同时也让他们有机会听到其他参赛者的商业计划，从而得到启发。

决赛阶段。在这个阶段，参赛者需要面对严苛的评委和观众，全面展示他们的商业计划，并回答评委和观众提出的问题。这个阶段是对参赛者综合能力的考验，它可以帮助参赛者进一步提升他们的商业知识和技能，同时也提供了一个机会让他们体验到真实的商业环境。

全国商业精英挑战赛创新创业竞赛的结构和组织都是为了帮助参赛者提升他们的创新创业能力，从而使他们在未来的商业世界中更有竞争力。

4. 竞赛的影响力

全国高校商业精英挑战赛创新创业竞赛的影响力远超过一次常规的商业比赛。它对参赛者的个人发展、商业生态以及社会整体创新环境都产生着深远影响。

（1）对于参赛者的个人来说，全国高校商业精英挑战赛创新创业竞赛提供了一个无与伦比的平台。它使得参赛者有机会应用并且提升他们的商业知识和技能，同时，也让他们有机会面对真实的商业挑战，增加实战经验。通过竞赛，参赛者的创新思维得到了锻炼，商业视野得到了拓宽，团队合作能力得到了提升。这些对他们未来学习、工作，甚至创业都将产生积极的影响。

（2）全国高校商业精英挑战赛创新创业竞赛对商业生态产生了重要影响。参赛团队中的一些优秀创意有可能进一步发展成为实际的创业项目，为商业生态注入新的活力。同时，全国高校商业精英挑战赛创新创业竞赛也吸引了众多企业、投资人，以及商业领袖的关注，他们通过参与评审、赞助或者观看竞赛，可以发现新的商业模式、新的市场机会甚至新的合作伙伴，这对整个商业生态的发展都是有益的。

（3）全国高校商业精英挑战赛创新创业竞赛对社会整体创新环境的贡献也不容忽视。它鼓励了公众对创新创业的关注，提升了整个社会对创新创业的认识和理解。全国高校商业精英挑战赛创新创业竞赛展示了创新创业的乐趣和价值，使得更多人愿意投入到创新创业的行列中来。而这些新的创新者和创业者，将会成为推动社会进步的新力量。

总的来说，全国高校商业精英挑战赛创新创业竞赛通过培养新一代的商业领导者，推动了商业创新，激发了社会创业精神，对个人、商业生态和社会整体创新环境的发展都产生了积极的影响。

9.2　了解全国高校商业精英挑战赛创新创业竞赛要求

9.2.1　参赛对象

竞赛为全国性竞赛，参赛对象为全国高等学校全日制在校大学生，含高职高专学生、本科生、研究生等，不限专业，所有学生均可参赛。

竞赛为团体赛形式，设置高职高专组、本科组与研究生组。每个团队由 2～5 名全日制在校大学生（须为创业项目的实际成员）和 1～2 名指导教师组成，每名学生只能参加 1 个团队，不可跨团队交叉组队，教师可跨团队指导，不可跨校组队。

9.2.2　竞赛阶段

以本科组为例，本科组设置知识赛、校赛、区域赛和全国总决赛四个阶段，采用线上软件模拟赛与创业商业计划书评审相结合的方式进行。

1. 知识赛阶段

知识赛阶段采用个人赛的形式，以统一网络机考的方式进行。知识赛主要考核学生相关专业知识，知识赛合格（60 分及以上）的学生获得组队参加竞赛的资格。

2. 校赛阶段

校赛阶段以线上软件模拟赛的方式进行，选拔团队参加省赛或区域赛。

3. 区域赛阶段

区域赛阶段采用团体赛的形式，由知识赛合格的学生（须为项目的实际成员）自行组成团队，参加省赛或区域赛。区域赛采用线上软件模拟赛与创业商业计划书评审相结合的方式进行。根据区域赛结果产生全国总决赛入围名单，入围团队获得参加全国总决赛的资格。

4. 全国总决赛阶段

根据区域赛阶段各参赛团队的成绩，本科组全国总决赛入围团队将分为软件模拟赛和精英赛两个阶段进行。其中，第一阶段软件模拟赛采用线上竞赛的方式进行；根据全国总决赛第一阶段的竞赛结果，选拔全国总决赛第二阶段即全国总决赛精英赛的入围团队，精英赛采用创业路演（即创业商业计划书与答辩相结合）的方式进行。

9.2.3　软件模拟竞赛平台

软件模拟竞赛仅针对本科组及高职高专组进行。竞赛指定软件模拟竞赛平台为浙江精创教育科技有限公司提供的"创新创业实战模拟竞赛对抗平台"。该平台是一款以培养具有创业基本素质和开创型个性的人才为目标，培养参赛者创新思维、创新精神、创业意识、创业能力的软件，以创业者的视角，模拟创业者从 0 到 1 的创业过程，创业者通过寻找合伙人组建创业团队来获取货币、知识产权、实物等创业资源，并通过市场环境分析、人力资源管理、产品服务管理、市场营销管理、融资管理、企业清算等流程让参赛者体验创业之路，锻炼战略决策思维。模拟过程贴近现实的市场环境中，采用 AARRR 销售漏斗模型、波特五力模型、时间成本函数、生产函数等快速决策，全面体验创业的全过程。

9.2.4 创业项目要求

（1）商业精英挑战赛创新创业竞赛参赛项目可为已运营或未运营。

1）已运营的参赛项目：参赛项目已完成工商登记注册且完成工商注册登记的时间为比赛前一年（含）以后，有团队、商业计划书，已形成具体的产品或服务，并有详细运营数据。参赛申报人须为初创企业股东（企业实际控制人），同时须为普通高等学校全日制在校生。

2）未运营的参赛项目：参赛项目尚未完成工商注册登记，但想法新颖独特，市场潜力巨大，已有较完善的商业模式和实施计划。参赛项目具有较好的创意和较为成型的产品原型或服务模式。参赛申报人须为普通高等学校在校生。

（2）参赛项目要保证真实、健康、合法，无不良信息，项目立意新颖、弘扬正能量；不得侵犯他人知识产权；所涉及的发明创造、专利技术、资源等必须拥有清晰合法的知识产权或物权；抄袭、盗用、提供虚假材料或违反相关法律法规的，一经发现立即取消参赛资格并需自行承担一切法律责任和后果。

（3）参赛项目涉及他人知识产权的，需提交完整的具有法律效力的所有人书面授权许可书、专利证书等；已完成工商登记注册的创业项目，需提交工商注册信息。

（4）已完成工商登记注册的创业项目，需提交营业执照及统一社会信用代码等相关复印件、单位概况、法定代表人情况、股权结构等。参赛项目可提供当前财务数据、已获投资情况、带动就业情况等相关证明材料。已获投资（或收入）的参赛项目，请在全国总决赛时提供相应佐证材料。

（5）参赛项目类型应紧抓社会当下所需、布局未来，促进社会经济各领域创新、发展。参赛项目主要包括以下类型。

1）新经济：以模式创新预见未来，包括消费升级、共享经济、新零售、教育培训、医疗健康、交通出行、创新金融、电子商务、下乡项目、出海项目、跨界项目等。

2）高科技：以技术创新引领世界，包括 5G 通信、人工智能、大数据、云平台、智能机器人、工业自动化、智能家、新材料、新能源等。

3）泛娱乐：以内容创新改变生活，包括广播影视、设计服务、文化艺术、旅游休闲、艺术品交易、广告会展、动漫娱乐、体育竞技等。

9.2.5 竞赛要求

全国高校商业精英挑战赛创新创业竞赛是一场集创新、创业、团队协作和实战模拟于一体的全球性商业竞赛。它旨在寻找和培育富有创新精神、有能力将创新想法转化为实际商业价值的精英人才。参加这个竞赛的要求有以下几点。

（1）创新思维。创新是这个竞赛的核心，全国高校商业精英挑战赛鼓励参赛者提出独特且具有创新性的商业想法。这些创新想法应该能够解决现实生活中的问题，或者是打破现有的商业模式，为市场带来新的机会。

（2）商业计划书。每个参赛团队需要提交一份详尽的商业计划书，详细阐述他们的创新想法和实现这个想法的步骤。商业计划书应包括但不限于以下几个部分：市场研究和分析、产品或服务的详细描述、营销策略、财务预测以及团队介绍等。商业计划书的目标是说服评委该项目不仅是创新的，而且是有潜力实现商业化的。

（3）团队协作。商业精英挑战赛是一项团队竞赛，每个团队需要有 2～5 名成员。团队的每个成员都应在项目中发挥关键作用，而且需要展示出良好的团队协作精神。评委会特别关注团队的协作能力，因为在现实生活中，一个成功的创业项目往往需要团队的共同努力。

（4）项目路演。在项目路演阶段，每个团队都需要向评委和观众展示他们的项目，并解答所有的问题。这个环节是评估团队沟通技巧、解决问题能力以及抗压能力的重要时刻。良好的表现可以给评委留下深刻的印象，提高获胜的机会。

（5）现场答辩。在现场答辩阶段，每个团队都需要对评委提出的问题或者质疑进行深入、全面地解答。

9.3 备战全国高校商业精英挑战赛创新创业竞赛

9.3.1 参赛策略

全国高校商业精英挑战赛创新创业竞赛是一场全球性的创新创业竞赛，吸引了来自世界各地的创新者和企业家参加。那么，如何备战这样一场高水平的创新创业竞赛呢？以下是一些具体的策略。

（1）确定创新的商业想法。在准备全国高校商业精英挑战赛创新创业竞赛之初，最重要的步骤就是找到一个具有创新性和商业潜力的想法。这个想法需要是创新的、实用的，并且有足够的市场需求。此外，还需要有可行的实施策略和盈利模式。

（2）撰写详细的商业计划书。商业计划书是对参赛者的商业想法进行全面阐述的文档，包括参赛者的商业想法、市场研究、营销策略、财务预测等。商业计划书需要清晰、具体、实事求是，让评委能够一目了然地了解参赛者的项目。

（3）提升演讲和沟通能力。全国高校商业精英挑战赛创新创业竞赛中的项目路演和现场答辩都需要出色的演讲和沟通能力。无论参赛者的商业想法有多好，如果不能清晰、有力地表达出来，那么参赛者就无法赢得评委和观众的认同。因此，提升演讲和沟通能力是备战商业精英挑战赛的重要一步。

（4）针对性地准备答辩。在现场答辩环节，参赛者需要面对评委的提问和质疑，因此参赛者需要对参赛者的项目进行深入了解，并准备好可能会被提问的问题。这需要参赛者从多个角度思考参赛者的项目，包括市场、产品、技术、财务等。

（5）组建强大的团队。全国高校商业精英挑战赛创新创业竞赛不仅仅是对个人的考验，更是对团队协作的考验。一个强大的团队可以帮助参赛者更好地完成比赛，因此，找到合适的团队成员，并建立良好的团队合作机制是非常重要的。

9.3.2 备战技巧

备战全国高校商业精英挑战赛创新创业竞赛，需要时间和努力，但这是一次对参赛者创新能力、商业智慧、团队协作能力的全面考验，也是一次提升自我、实践创新创业理念的绝佳机会。只要参赛者有创新的想法，有决心去实现它，有勇气面对挑战，那么参赛者就有可能在竞赛中脱颖而出，实现创新创业梦想。

备战全国高校商业精英挑战赛创新创业竞赛需要全面且深入的准备，以下是一些技巧。

（1）理解并把握竞赛的要求和标准是十分重要的。每一场创新创业竞赛都有自己特定的要求和标准，全国高校商业精英挑战赛创新创业竞赛也不例外。通常，赛事主办方会在官方网站或者相关文件中明确列出赛事的详细要求和评判标准。要详细阅读和理解这些信息，确保自己的备战方向和赛事要求相符。

（2）早期的市场调研和项目策划也是关键。如果参赛者有一个创新的想法，需要对这个想法进行详尽的市场调研，评估它的可行性和市场潜力。在此基础上，参赛者可以开始撰写商业计划书。商业计划书不仅要突出项目的创新性和独特性，还要深入分析市场环境、竞争态势和营销策略等因素。同时，参赛者也需要明确商业模式，解释自己的项目如何创造价值，以及如何实现商业化。

（3）准备项目路演。路演是展示参赛者的项目、吸引投资者和公众关注的重要环节。

在准备路演时，参赛者需要把握项目的核心要点，用简洁、生动的方式表达出来。同时，也要准备应对可能出现的问题和质疑。

（4）备战现场答辩。答辩是检验参赛者理解和掌握项目的重要环节，同时也是展示参赛者的沟通和应对压力能力的机会。在答辩中，参赛者需要对项目的各个方面有深入、全面的理解，能够对评委的问题和质疑作出有力的回应。

（5）保持开放和学习的心态。创新创业竞赛是一个不断学习和成长的过程，无论参赛者的项目最终能否获奖，都将获得宝贵的经验和知识。保持开放的心态，尊重评委和对手的反馈，有助于参赛者从中吸取教训，进一步提升参赛者的创新和创业能力。

（6）进行持续的自我提升。全国高校商业精英挑战赛创新创业竞赛不仅是对参赛者的创新思维的考验，也是对参赛者商业知识和技能的考验。因此，参赛者需要在赛前赛中不断提升自己，包括商业知识和与创业相关的技能，如领导力、沟通能力、解决问题的能力等。

（7）充分利用所有可用的资源。这些资源包括赛事主办方提供的培训和辅导资源，也包括参赛者所在学校或组织的相关资源。这些资源可以帮助参赛者更好地理解和准备赛事，提升参赛者的竞争力。

（8）积极参与和准备。即使参赛者的项目在初期可能不够完美，但只有通过实践，参赛者才能真正理解和改进它。参与全国高校商业精英挑战赛创新创业竞赛，就是一个很好的实践机会。在这个过程中，参赛者不仅可以测试和改进参赛者的项目，还可以学习到很多宝贵的创新和创业知识。

总之，备战全国高校商业精英挑战赛创新创业竞赛是一项全面而深入的任务。只有通过深入理解赛事要求，进行早期的市场调研和项目策划，准备好项目路演和现场答辩，以及持续进行自我提升和团队建设，参赛者才能在这场竞赛中取得成功。无论结果如何，参赛者都将从这个过程中学习到很多，为未来的创新和创业之路打下坚实的基础。

第 10 章
全国大学生电子商务"创新、创意及创业"挑战赛

本章导读

本章主要介绍全国大学生电子商务"创新、创意及创业"挑战赛(简称"三创赛")的发展、目的和价值、参赛对象、竞赛形式、竞赛管理和备战技巧等内容。读者应在了解"三创赛"基本情况的基础上重点掌握"三创赛"的竞赛管理规划、备战技巧等内容。

本章要点

- "三创赛"的目的
- "三创赛"的价值
- 竞赛管理细则
- "三创赛"的备战技巧

10.1 认识"三创赛"

10.1.1 "三创赛"的发展

《教育部 财政部关于批准 2010 年度大学生竞赛资助项目的通知》（教高函〔2010〕13 号）的项目之一是全国大学生电子商务"创新、创意及创业"挑战赛（以下简称"三创赛"），这项比赛是激发大学生兴趣与潜能，培养大学生创新意识、创意思维、创业能力以及团队协同实战精神的学科性竞赛。"三创赛"为高等学校落实《教育部 财政部关于实施"高等学校本科教学质量与教学改革工程"的意见》（教高〔2007〕1 号）、开展创新教育和实践教学改革、加强产学研之间联系起到积极示范作用。

"三创赛"是由中华人民共和国教育部主管，教育部高等学校电子商务类专业教学指导委员会主办，"三创赛"竞赛组织委员会（简称竞组委）、全国决赛承办单位、分省选拔赛承办单位和参赛学校组织实施的全国性竞赛，竞赛分为校赛、省赛和全国总决赛。

"三创赛"多年来得到了从国家教育部、国家商务部到各省、直辖市、自治区教育厅（教委）、和商务厅（局）等的大力支持；得到了全国越来越多企业的大力支持和赞助，例如成都国际商贸城、深圳市普惠在线互联网金融有限公司、西安新丝路国际电子商务产业园等分别对大赛总决赛进行冠名支持；同时得到了社会各界包括新闻媒体的大力支持，央视"朝闻天下"专门对第六届"三创赛"进行播报宣传。该赛事在全国高校和社会产生了巨大反响，极大地促进了大学生的就业和创业。

10.1.2 "三创赛"的目的和价值

"三创赛"在中国高等教育学会发布的《全国普通高校大学生竞赛排行榜》57 项赛事中排名第 13 位，是全国广大师生信赖、支持的比赛。

大赛的目的：强化创新意识，引导创意思维，锻炼创业能力，倡导团队精神。

大赛的价值：大赛促进教学，大赛促进实践，大赛促进创造，大赛促进育人。

"三创赛"一直秉持着"创新、创意及创业"的目的，致力于培养大学生的创新意识、创意思维和创业能力，为高校师生搭建一个将专业知识与社会实践相结合的平台，提供一个自由创造、自主运营的空间。

"三创赛"自 2009 年至 2022 年，已成功举办了 12 届，全国总决赛分别在浙江大学、西安交通大学、西南财经大学、华中师范大学、成都理工大学、太原理工大学、河南科技大学、云南工商学院、湖北经济学院举办。经过多年的发展，大赛的参赛队伍不断增加，从第一届的 1500 多支发展到第十二届的 13 万多支；参赛项目的内涵逐步扩大，从最初的校园电商到"三农"电商、工业电商、服务电商、跨境电商，以及 AI、5G、区块链等领域的创新应用；同时，创造性地举行了跨境电商实战赛。大赛的规则也在不断完善，从而保证了大赛更加公开、公平和公正。随着比赛规模越来越大，影响力越来越强，"三创赛"现已成为颇具影响力的全国性品牌赛事。

基于教育部落实国家"放管服"政策，从第十届"三创赛"开始，大赛主办单位由教育部高等学校电子商务类专业教学指导委员会转变为全国电子商务产教融合创新联盟和西安交通大学。以此为契机，"三创赛"竞赛组织委员会对大赛的生态服务体系进行了多方面创新建设与探索：2021 年对外正式发布了原创的《三创赛之歌》（获得了著作权证书）；为了助推产教融合的成功转化，在第十一届全国总决赛中引入了投资商参加。

2021 年 3 月，"三创赛"竞赛组织委员会秘书处所在高校西安交通大学联合全国 20 多所高校积极响应教育部的号召，创新地提出了"基于'三创赛'的新文科创新创业人才培养研究与实践"项目，并最终获得教育部首批新文科研究与改革实践项目立项。由此，"三创赛"为新文科创新人才培养以及跨学科创新人才培养提供了更好和更大的舞台。

第十三届"三创赛"分为常规赛和实战赛。常规赛包含"三创赛"指南中主题；实战赛包含跨境电商实战赛、乡村振兴实战赛、产教融合（BUC）实战赛等。两类赛事都按校级赛、省级赛和全国总决赛三级赛事进行比赛。

"三创赛"自举办以来，受到国家教育部、商务部的大力支持，得到了全国各大企业赞助，含金量、认可度很高，对于评奖学金、考研、就业、创业都有很大帮助。参加"三创赛"可以锻炼撰写商业计划书、路演的能力。

如果有好的创业项目，可以通过这个比赛来获得融资，增加曝光，获得外界关注，饿了么就是从这类比赛中走出去的，因此比赛的曝光效应不可忽视。

10.2　了解"三创赛"要求

10.2.1　参赛对象

经国家教育部批准的普通高等学校的在校大学生均可参加"三创赛"，高校教师既可以作为指导教师（在学生队中）也可以作为参赛选手（在混合队中做队长或队员）组成师生混合队参赛。

10.2.2　组队方式

（1）参赛选手有两种组队方式（分两类竞赛）。

1）学生队：在校大学生作为队长，学生作为队员组队。

2）混合队：高校教师作为队长，但本队中教师人数不得多于学生人数。

（2）组队有以下注意事项：

1）参赛选手每人每年只能参加一个团队的竞赛，一个团队有 3～5 名成员，其中一名为队长。可以跨校组队，以队长所在学校为该队报名学校。

2）一个团队的竞赛可以有 0～2 名高校指导教师，0～2 名企业指导教师参加。

10.2.3 奖项设置

本竞赛按照校赛、省赛、国赛分别设立奖项。

（1）校赛。校赛奖项分特、一、二、三等奖共四个等级，原则上特等奖不超过参赛队数的 5%（可空缺，要排名次），一等奖不超过参赛队数的 10%，二等奖不超过参赛队数的 20%，三等奖不超过参赛队数的 30%。设最佳创新奖、最佳创意奖、最佳创业奖等单项奖若干名。特等奖指导教师为最佳指导教师，一等奖指导教师为优秀指导教师。

（2）省级。省级赛奖项分特、一、二、三等奖共四个等级，原则上特等奖不超过参赛队数的 5%（可空缺，要排名次），一等奖不超过参赛队数的 10%，二等奖不超过参赛队数的 20%，三等奖不超过参赛队数的 30%。设最佳创新奖、最佳创意奖、最佳创业奖等单项奖若干名。授予特等奖团队指导教师最佳指导教师奖，一等奖指导教师为优秀指导教师。授予校赛优秀组织奖若干名。

（3）国赛。国赛奖项分特、一、二、三等奖共四个等级，原则上特等奖不超过参赛队数的 10%（可空缺），一等奖不超过参赛队数的 15%，二等奖不超过参赛队数的 25%，三等奖不超过参赛队数的 40%。设最佳创新奖、最佳创意奖、最佳创业奖等单项奖若干名。对一等奖团队指导教师授予优秀指导教师奖，对特等奖团队指导教师授予最佳指导教师奖。对获得国赛特等奖的省级赛承办单位授予优秀组织奖，对获得国赛特等奖前三名的省级赛承办单位授予优异组织奖。

10.2.4 竞赛形式、分组和时间

（1）竞赛形式分线上和线下两种，原则上尽量采用线下形式，特殊情况下可以采用线上形式。

（2）在国赛、省赛和校赛中，均可采用小组赛和终极赛（排名赛，各小组第一名进入终极赛）两轮赛制。校赛、省赛的终极赛需要排出团队名次，或者前 10 名排出名次，为晋级更高级的比赛做准备。小组赛在封闭环境下进行，终极赛在公开环境下进行。

（3）小组赛参赛团队演讲 8 分钟，评委提问与参赛选手回答 7 分钟，每个团队分组赛为 15 分钟；终极赛每个团队做 8 分钟演讲，一般不再安排问答环节。

10.2.5 竞赛管理细则

1. 校级选拔赛

举办校赛的高校应在大赛报名期限内组建好校赛组委会，争取社会（政府、企业等）的支持，对本校参赛团队和指导教师给予尽可能的指导、支持和帮助，通过鼓励政策、保障措施等激励学生和教师参赛。

企业支持"三创赛"的方式分为冠名、协办、赞助，合作具体内容可参看合作细则。若有冠名单位，必须以"第××届全国大学生电子商务'创新、创意及创业'挑战赛××杯××校赛"的形式对外进行宣传，否则"三创赛"竞组委不承认校赛资格和结果。

举办校赛的高校须在团队报名截止日期之前，在"三创赛"官网完成学校注册。首次申办高校注册时须提交《校赛备案申请书》（加盖校级公章）。审核通过后，校赛组委会对本校参赛团队进行管理和审核，审核工作应在审核期限内完成。负责人需在校赛开始之日前提交《校赛单位负责人承诺书》。

校赛组委会须将《校赛计划书》在校赛开始 10 个工作日前提交省赛组委会。对校赛所有参赛团队和作品必须按照大赛规则进行合规检查，对不合规者不允许参赛。否则产生的后果将由校赛组委会负责。

校赛组委会可以向"三创赛"竞组委或者省赛竞组委提出选派指导教师和教师评委及企业家评委的申请，"三创赛"竞组委或省赛竞组委将协助其从企业和高校中选派指导教师和评委参与到该校的校赛指导和评审中。所有评委都需要参加培训，逐步达到持证上岗要求。对于指导教师也要加大培训力度。

校赛组委会须按照校赛计划书，在 4 月 15 日（官网公布的）校赛截止日期前，参照"三创赛"竞赛规则和评分表完成校内竞赛，并在校赛结束后 5 个工作日内将校赛成绩和名次录入官网。校赛成绩经 5 个工作日公示，无异议后生效。校级赛终极赛应有录像存档。

2. 省级选拔赛

省赛承办单位须在大赛官网上注册申请承办资格，并提交省赛承办申请书和省赛承办单位及负责人承诺书。"三创赛"竞组委收到申请后，考察申请单位的经费、场地、组织等方面条件，据此确定审核结果。"三创赛"竞组委秘书处在官网上公示省赛承办单位授权书。

"三创赛"竞组委对已经获得批准的省赛承办单位，尽可能指定"三创赛"竞组委的指导专家。省赛承办单位应在大赛报名期内组建好省赛组委会，负责省内校赛的组织与管理工作和省赛工作。省赛组委会要及时对校赛计划书进行合规检查。对不合规者要提出修改意见，指导校赛组委会修改到位。对校赛组委会没有按时提交计划书或者没有修改到位就进行了校赛的，一经查实则被认定为该校赛无效。省赛承办单位应积极争取社会（政府、企业等）的支持，对参赛学校给予尽可能的指导、支持和帮助，通过鼓励政策、保障措施等激励学生和教师参赛。

省赛承办单位应主动与本省（市、自治区）教育厅高教处汇报沟通省赛事宜，努力争取教育厅支持，通过教育厅发文鼓励所在赛区高校积极报名参加比赛。

省赛承办单位应主动与企业沟通合作事宜，努力争取企业支持。企业支持方式分为冠名、协办、赞助，合作具体内容可参见合作细则；若有冠名单位，必须以"第××届全国大学生电子商务'创新、创意及创业'挑战赛××省××杯选拔赛"的形式报经"三创赛"竞组委同意，然后对外进行宣传，否则"三创赛"竞组委不承认省赛资格和结果。

省赛组委会须将省级选拔赛计划书（可从大赛官网下载标准计划书并做修改）在省赛开始前15天将Word版省赛计划书报送"三创赛"竞组委秘书处，经"三创赛"竞组委审查通过（必要时需要该省省赛组委会再修改）后，才能按计划组织省赛。对逾期不报者或修改不到位就举办省赛者，"三创赛"竞组委不承认该省的省赛结果。

省赛组委会在"三创赛"竞组委指导专家的指导下，在省赛计划书中必须包括两名省外专家（可以自己推荐，也可以请大赛竞组委推荐），经"三创赛"竞组委审查同意，聘请他们分别作为该省赛的纪检组组长和仲裁组组长。聘请的外省专家作为评委的不能超过两位，原则上本省有电子商务类专业的学校和参赛团队的学校都应聘请教师评委，承办单位的评委不超过两位，企业评委原则上应由各学校推荐，由省赛组委会统筹，否则"三创赛"竞组委不承认该省的省赛结果。

各高校参加省赛的团队数量是按省赛组委会下达的指标数确定的，校赛组委会应以校赛团队得分由高到低进行推荐，最多不超过15支。对省赛所有参赛团队和作品必须按照大赛规则进行合规检查，对不合规者不允许参赛。否则产生的后果将由省赛组委会负责。

省赛组委会需在规定时间内组织省赛。赛前须组织评委培训，然后组织封闭式的分组赛和开放式的终极赛（决出前三名和其他特等奖的名次）。省赛结束后5个工作日内将竞赛成绩、名次录入至大赛官网并上传省赛新闻报道稿件。省赛结束后10个工作日内上传省赛工作总结（模板可在大赛官网"资料下载"处下载）。省赛成绩经7个工作日公示，无异议后生效。

省赛组委会在上传工作总结后，要保持与"三创赛"竞组委的联系，待全国省赛结束后，由"三创赛"竞组委按规则分配给该省赛组委会参加国赛的团队指标数。

省赛承办单位在接到"三创赛"竞组委给予的参加国赛的团队指标数后，立即按省赛排名收集晋级国赛团队的作品，并对该作品进行合规检查。然后将合规作品及相关资料按照要求在5个工作日内提交至"三创赛"竞组委秘书处。秘书处将对晋级团队作品进行二次合规检查，违规团队将取消晋级资格。省赛的终极赛应有录像存档，并上传发送给"三创赛"竞组委秘书处备查。

3. 全国总决赛

国赛承办单位应在"三创赛"竞组委的指导下尽早组建好国赛组委会，负责落实全国总决赛所需要的人、财、物等条件，争取社会（政府、企业等）的支持。与"三创赛"竞组委签订"三创赛"全国总决赛合作协议，商讨确定"三创赛"全国总决赛工作方案。

国赛组委会应在国赛开始前 45 天将全国总决赛计划书（组织机构、评审专家组、竞赛方式、日期和地点等）上报"三创赛"竞组委秘书处，经"三创赛"竞组委审查通过（有必要时需要承办单位再修改）后方可实施，并严格按计划书执行。

各省赛组委会按"三创赛"竞组委下达的指标，以省赛的获奖成绩团队得分数从高到低推荐参加国赛的团队，每个学校参加国赛的团队数不超过 5 支。

国赛组委会应在规定时间内，按照竞赛规则和评分表，组织封闭式的分组赛和开放式的终极赛，终极赛决出名次。国赛承办单位要组织全国总决赛的开幕式和闭幕式。国赛结束后 1 个工作日内，国赛组委会要将竞赛成绩（评委评审表、小组成绩汇总表、终极赛评委评审表、汇总成绩表等）情况扫描上传发送给"三创赛"竞组委，并将全国总决赛的新闻宣传稿件、总结报告等上报给"三创赛"竞组委秘书处备案。国赛的分组赛和终极赛均要录像存档。

"三创赛"竞组委将在全国总决赛 7 天公示完成后，通过大赛官网向全国总决赛获奖队伍发放证书（电子版）。

竞赛评分细则见表 10-1。

表 10-1　竞赛评分细则

评分项目（5项积分制）	评分说明	常规赛分值	实战赛分值
1. 创新	参赛项目具备了明确的创新点：在新产品、新技术、新模式、新服务等方面至少有一个明确的创新点	0～25	0～15
2. 创意	进行了较好的、创新性的项目商务策划和可行性分析。商务策划主要是对业务模式、营销模式、技术模式、财务支持等进行的设计。项目可行性分析主要是对经济、管理、技术、市场等方面的可行性分析	0～25	0～15
3. 创业	开展了一定的实践活动，包括（但不限于）：创业的准备、注册公司或与公司合作、电商营销、经营效果等，需要提供相应的佐证材料	0～25	0～45
4. 演讲	团队组织合理、分工合作、配合得当；服装整洁，举止文明，表达清楚；有问必答，回答合理	0～15	0～15
5. 文案	提交的文案和演讲PPT逻辑结构合理，内容完整、严谨，文字、图表清晰通顺，附录充分	0～10	0～10
合并得分		0～100	0～100

10.3　备战"三创赛"

10.3.1　备赛指南

1. 组建团队

"三创赛"一般是 5 人参赛，推荐男女比例为 3:2 或 2:3，这样的均衡分配在路演现场很有优势，会给评委一种团队组建合理、分工明确的感觉。

专业上文理兼备，推荐经管＋工科的组合，不同思维的碰撞可以产生创意的火花，此外，成员院系专业在比赛信息录入时都会上交展现在评委面前，如果专业分配失衡，比如五个成员全是经管院的，可能会影响评委的第一印象。

团队成员应各有所长，最好的能力组合是财务＋技术＋文稿＋作图＋答辩。

2. 项目选择

注重创新。项目要有创新，没有创新性的想法很难赢得评委的认可，也不太符合比赛评选标准。在寻找创新项目时要注意，不要尝试颠覆式创新，要微创新。当然，如果执意要"改变世界"，可以做颠覆式创新，但这不适合比赛。所谓微创新，是在现有的创业项目基础上，发现可以改进的地方，进行创新。

项目落地。根据以往的比赛结果分析，"三创赛"比较重视项目是否落地，就是有没有真正在做，因此一定要有实际效果。技术能够支持的可以开发小程序，没法实现可以考虑建立微信公众号。

贴合电商。商业模式一定要靠近电商，围绕大赛的核心主题。

10.3.2　备战技巧

全国大学生电子商务"创新、创意及创业"挑战赛是一个具有挑战性的比赛，需要参赛团队在创新、创意和创业方面具备一定的能力和经验。以下是一些备战建议，希望能够帮助到参赛的同学们。

（1）了解比赛规则和流程。仔细阅读大赛官方网站上的比赛规则和流程，了解比赛的各个阶段和时间节点，以及需要提交的文件和作品要求。同时，还需要了解比赛的主题和要求，以便有针对性地进行准备。了解评分细则，在准备商业计划书、路演 PPT 时方向就会更加明确。

（2）组织团队。团队的组织是比赛成功的关键。需要根据各自的特长和优势进行合理分工，确保每个人都有具体的工作任务。同时，需要明确好团队的工作计划和沟通方式，确保团队成员之间的协作顺利进行。

（3）做好市场调研。市场调研是比赛的重要环节。需要针对比赛主题进行市场调研，收集相关的数据和资料，以便进行深入的分析和研究。同时，还需要了解行业最新动态和前沿技术，以便更好地进行作品设计。

（4）创新思维培训。创新思维是电商创业的重要能力之一。需要学习创新思维的方法和技巧，培养创新思维的能力。同时，还需要了解电商行业的创新趋势和创新模式，以便更好地进行作品设计。

（5）创意设计。创意设计是比赛的核心环节。需要根据比赛主题和要求，有针对性地进行创意设计。需要注重作品的实际应用价值和商业价值，同时还需要注重作品的创新性和可行性。

（6）作品实现。作品实现是比赛的重要环节。需要实现自己的想法和创意，并将其转化为现实的作品。需要注重作品的质量和效果，同时还需要注重作品的可操作性和可持续性。

（7）作品展示。作品展示是比赛的重要环节。需要准备好作品的展示材料和演示文稿，以便在比赛现场进行展示。同时，还需要做好作品的展示计划和时间安排，确保展示效果最佳。

第 11 章
全国大学生财务决策大赛

本章导读

本章主要介绍全国大学生财务决策大赛的目的、大赛规则以及大赛的参赛技巧。读者在掌握财务决策基本理论的基础上重点掌握全国大学生财务决策大赛的参赛技巧。

本章要点

- 大赛的目的
- 大赛的规则
- 参赛的技巧

11.1　认识全国大学生财务决策大赛

全国大学生财务决策大赛由中国高等教育学会高等财经教育分会指导，中国商业会计学会主办，厦门网中网软件有限公司、厦门网中网教育科技有限公司、北京东大正保科技有限公司、正保会计网校提供技术支持。赛项内容融合大数据与会计、大数据与财务管理专业的核心课程内容，包括企业财务会计、智能化成本核算与管理、智慧税费申报与管理、财务管理、管理会计等。

11.1.1　参与全国大学生财务决策大赛的目的

随着互联网、人工智能、大数据技术的发展，以及国家税收体制改革的不断深入，以云财务、电子发票、智能会计、智能财务机器人、大数据分析工具等为代表的新技术已经深刻影响和改变着传统财务处理模式和企业经营管理的需求，也带来了以财税代理服务、大数据分析师、数字化管理师等为代表的新业态和新职业的出现。全国大学生财务决策大赛赛项设计着眼于产业数字化转型的需求，运用新服务、新业态技术，瞄准新职业，服务企业和社会对新型会计人才的需要，提高财经类专业人才一体化培养水平。

赛项依据真实企业税务工作对税务岗位的能力要求，培养学生在大数据技术背景下财税职业素养、企业纳税实务、企业税务自查、企业税务风险管理、企业纳税合规管理等综合应用能力。提升学生涉税事务处理、财税软件应用及税务风险管理综合技能，培育适用于数字化时代背景下社会发展的专业税务人才。

全国大学生财务决策大赛以学生终身学习发展、创新性思维、适应时代要求的关键能力为出发点，统筹推进育人方式、办学模式、管理体制、保障机制改革，推进管理会计人才队伍建设，提升会计人才培养质量，进一步提高学生的实践能力、就业能力和创新能力，为学生职业发展提供良好的氛围，大幅提升教育现代化水平，助力本科院校管理会计课程发展，充分展示本科院校学生会计信息应用能力、决策能力、创新能力，激发本科院校学生创新、实践的热情。

11.1.2　全国大学生财务决策大赛规则

全国大学生财务决策大赛分两个阶段，第一阶段选拔赛，竞赛内容为财务决策竞赛；第二阶段总决赛，总决赛分为两个环节，分别为财务决策竞赛环节和大数据税务风险预警分析竞赛环节，根据竞赛要求分别完成所有的业务处理。

1. 财务决策竞赛环节

竞赛平台要求参赛选手组队分岗位进行比赛。在平台中，由参赛队 4 名选手组成学生企业（分别担任运营管理、资金管理、成本管理、财务总监岗位），共同配合完成企业的一切生产经营活动。

主要比赛内容如下。

（1）参赛选手需要创建一家工业企业，该企业注册资本为500万元，经营范围为家电产品，学生模拟经营某年第一季度，财务核算遵循《企业会计准则》，并进行月度、季度纳税申报。

（2）4名选手需对所创建的企业进行自主决策及运营管理。主要活动如下。

投产阶段的租赁厂房、租赁生产线、购买或租赁办公用房、招聘生产人员、购买原材料等；生产运营阶段的投料生产、承接订单、投放广告、发货、收款等进行企业日常的经营活动。

期间，运营管理和财务总监互相配合，进行运营活动的执行审批流程，成本管理和资金管理互相配合，进行收、付款和筹资、投资等的财务审批和执行活动。月末，由成本管理开具发票和索取发票并填制成本计算表单。

每月末，4名选手进入财务共享服务模块，分工合作，进行财务数据处理（对报账单据进行职业判断，系统自动生成记账凭证；诸如成本核算、期末核算等业务由参赛选手进行核算），系统自动生成财务报表和财务指标。通过对财务报表和财务分析指标的分析，参赛选手可以评价自己企业的经营成果，对下月经营计划做出改变，同时也可查看其他参赛队伍的当月系统运营成绩。

次月15日前，4名选手需要进行月度纳税申报，进行增值税及附加税费月度及其他税费（印花税、个人所得税等）的申报。次季度初的时候需要进行企业所得税季报的申报。

2. 大数据税务风险预警分析竞赛环节

本竞赛环节主要比赛内容如下。

（1）运用大数据工具为企业识别各类税务风险，根据业务背景资料，判断税负率风险区间，对税务申报数据进行税务风险审核，根据财务报表项目数据进行分析计算并审核其合理性，识别企业税务风险。

（2）运用BI工具呈现可视化图表，对已识别的税务风险进行分析，根据各业务特点，结合调查资料，对企业潜在税务风险疑点进行评估判断，排查无风险疑点，确定真正涉税风险。

（3）管理并应对企业税务风险，对企业涉税法律风险及税务风险进行应对和防控。

3. 全国大学生财务决策竞赛时长

竞赛总时长360分钟。其中，财务决策竞赛环节时长为300分钟；大数据税务风险预警分析竞赛环节时长为60分钟。

11.1.3　全国大学生财务决策竞赛评分细则

1. 制定原则

（1）赛项评分标准制定遵循"公平、公正、公开"的原则。

（2）赛项平台系统自动评分，无人为因素干扰。

2. 评分方法

（1）财务决策竞赛环节评分细则。本环节为团队比赛，评分按照参赛团队经营的企业整体情况评分。企业整体情况评分分为团队经营企业运营成绩和团队经营企业稽查成绩两大部分。

1）团队经营企业运营成绩主要是对企业运营指标予以综合评价，成绩由赛项平台系统自动评定。团队经营企业运营成绩评分见表11-1。

表 11-1　团队经营企业运营成绩评分

任务	评分项目	评分要点	分值	备注
企业运营	流动比率	考察企业短期偿债能力	10	流动资产/流动负债
	总资产报酬率	考察企业总资产的获利能力	10	(利润总额+利息支出)/平均资产总额
	总资产周转率	考察企业总资产的周转速度	10	营业收入/平均总资产
	存货周转率	考察企业存货的周转速度	10	营业成本/平均存货
	销售净利率	考察企业盈利能力	10	净利润/营业收入
	现金毛利率	考察企业经营现金流量质量	15	经营活动净现金流量/经营活动现金流入量
	净现金流	考察企业现金流管理情况	10	银行存款期末余额+库存现金期末余额
	评估收益	该指标根据系统中的市场价格（存货按系统价格折算），评估企业全部资产和负债，计算出净资产市值	20	
	信誉值	该指标从企业运营界面取数，考核企业付款、发货方面的履约情况	5	
合计			100	

指标说明。每个指标所占的权重不同，分值随权重而变化，满分为100分。每月16号参赛团队可以看到自己上月的成绩（该成绩取对应月份的报表取数，比如1月成绩就是按1月的系统准确财务报表计算），并看到所有参赛选手的总成绩排行榜，从而判断自己的企业当下的竞赛排名情况。所有竞赛指标的时点指标按照竞赛最后一天的时点数计算，时期指标按照3个月累计数字计算。竞赛完成后，系统统一重新生成竞赛成绩（该

成绩即综合学生 1—3 月的总体经营成果进行评分，非取平均成绩或加总成绩），每个月的小组成绩只是参赛小组对自己经营结果的参考，和参赛小组的最终成绩无关（所以请不要过度关注过程中的分数，应关注 3 个月的整体经营结果）。团队经营企业运营成绩指标只与企业经营的最终成果（主要是盈利情况）有关，不因经营某些业务而加分或者扣分。其中，信誉值、评估收益、净现金流指标分值计算截止到批次结束前一天，例如 1—3 月的数据批次结束一般为 4 月 4 日，那么计算前述指标应取 4 月 3 日的数据。

2）团队经营企业稽查成绩主要是从稽查的角度对参赛队经营企业的账务处理、纳税申报缴纳等方面予以综合评价，成绩由赛项平台系统自动稽查评定。

团队经营企业稽查成绩评分见表 11-2。

表 11-2 团队经营企业稽查成绩评分

任务	评分项目	评分要点	分值	备注
企业稽查	财务数据处理情况	系统分别从成本核算、财务报表和财产清查方面进行自动稽查。成本核算主要考察企业工资分配表、制造费用分配表及完工产品与在产品分配表的填制情况；财务报表主要按照企业资产负债表部分资产、负债、权益项目最后一个月的时点数字给分，按照利润表每月时期数据累计给分	50	参赛者每月都应当填制成本核算表，错填或漏填（如报表填列错误或漏报项目）均不得分。其中系统自动生成记账凭证的部分根据判断行为判分，错误判断扣分
	纳税申报与缴纳情况	主要考察参赛选手对增值税、所得税及其他税种的申报缴纳情况。增值税主要考察增值税业务的纳税申报缴纳情况；所得税主要考察所得税季报的申报与缴纳情况；其他税种主要考察城建税及附加、房产税、印花税等申报缴纳情况	50	申报表错填或漏填均不得分
合计			100	

指标说明。由于成本核算难度和业务核算量与选择的生产产品种类多少有关，所以此处设置难度分（生产三种产品稽查分为 100 分，生产两种产品稽查分为 90 多分，生产一种产品稽查分为 90 分左右）。

3）成绩构成。这两个部分的成绩总分均为 100 分，并按照"企业运营成绩×50%+企业稽查成绩×50%"折算成百分制总成绩。

（2）大数据税务风险预警分析竞赛环节评分细则。本环节为团队比赛，需要参赛选手 4 人共同配合完成，主要是企业各类税务风险识别，根据业务背景资料，判断税负率风险区间，对税务申报数据进行税务风险审核，根据财务报表项目数据进行分析计算并审核其合理性，识别企业税务风险，满分 100 分。

（3）成绩评定。本赛项为团队赛，最终成绩按百分制折算。

1）选拔赛阶段。按照各参赛院校成绩进行排名，各大区前七名的院校代表队获得进军全国总决赛资格。

- 一等奖：各大区参赛队伍规模的 10%，参赛队选手及指导老师均可获赛事主办方颁发的证书。
- 二等奖：各大区参赛队伍规模的 20%，参赛队选手及指导老师均可获赛事主办方颁发的证书。
- 三等奖：各大区参赛队伍规模的 30%，参赛队选手及指导老师均可获赛事主办方颁发的证书。

2）全国总决赛阶段。即最终成绩＝财务决策竞赛环节成绩×80%+大数据税务风险预警分析竞赛环节成绩×20%。如遇到成绩相同则以财务决策竞赛环节成绩进行排名。

- 特等奖：总决赛参赛队规模的 5%，参赛队选手及指导老师均可获赛事主办方颁发的证书。
- 一等奖：总决赛参赛队伍规模的 15%，参赛队选手及指导老师均可获赛事主办方颁发的证书。
- 二等奖：总决赛参赛队伍规模的 35%，参赛队选手及指导老师均可获赛事主办方颁发的证书。
- 三等奖：总决赛参赛队规模的 45%，参赛队选手及指导老师均可获赛事主办方颁发的证书。以上奖项的获奖数量依照比例按小数点四舍五入后取整。

11.2　备战全国大学生财务决策大赛的技巧

财务共享平台包括合同管理（通过订单号/合同号贯穿整个经济业务）、发票管理（发票开具、索取、认证、提交报账）、报账审核（日常业务单据职业判断自动生成分录）、会计核算（月末成本核算业务、特殊业务处理）、税务管理（增值税、季度所得税、年度所得税、其他税费申报）五大功能。

财务共享中心月底必办业务如下。

（1）成本管理。

1)"财务共享服务中心">"发票管理"：发票索取、认证、提交报账；发票开具、提交报账（这些事项平时也可以进行，月末检查是否遗漏）。

2)"财务共享服务中心">"会计核算">"成本核算"：包括工资薪酬费用分配表、

制造费用分配表、完工产品与月末在产品成本分配表、固定资产折旧表（资金管理角色把本月报账审核系统中的记账凭证全部完成才能操作）。

（2）资金管理。"财务共享服务中心"＞"会计核算"＞"总账系统"＞"录入凭证"：稽查原始单据凭证录入（成本管理填完成本核算表，由资金管理录入凭证）、无原始单据凭证录入（如计提税费、租金计提摊销等）。

（3）运营管理/资金管理。"财务共享服务中心"＞"报账审核"：当运营管理比较忙的时候由资金管理操作，月底资金管理忙的时候由运营管理操作。注意，不能两人同时操作。

（4）财务总监。"财务共享服务中心"＞"会计核算"＞"总账系统"：财务总监进行凭证审核、过账、结转损益、结账、生成财务报表的工作。

1. 合同管理功能

（1）通过合同编号、合同名称、日期时间等条件查询需要的合同。还可以查看合同履行情况，了解业务进度、付款情况等。

（2）合同的签订。合同签订是作为印花税申报的重要依据，因此需要重点关注合同的类型、不含税的合同的金额。

2. 发票管理功能

（1）采购发票管理："发票索取"＞"集中认证"（点击即可）＞"提交报账"（点击即可）。

（2）销售发票管理："发票开具"＞"提交报账"（点击即可）。

索取的发票和开具的发票必须点击"提交报账"，这样报账审核系统里面才有相关业务的增值税的原始凭证，才能进行相应的账务处理。

发票索取分为采购发票与易货发票，分别对应采购业务和易货业务，状态显示未完成表示该业务款项尚未全部支付，不影响索取发票，点击"发票索取"即可索取发票，购买其他固定资产和租赁业务的发票直接随货到，无需索取，即只有采购原材料业务需要索取发票。

3. 报账审核功能

（1）运营管理/资金管理角色通过"财务共享中心"进入，选择"报账审核"进行操作。绝大部分日常业务均在"报账审核"下集中处理。

（2）业务单据如果与订单/合同相关会自动关联相应的编号。通过"职业判断"进行勾选判断，点击"保存"按钮后自动生成凭证。

（3）保存自动生成凭证后发现有误可以点击"修改"按钮进行修改，确认无误后点击"下一个"进入下一张有误单据的处理。

（4）现金折扣。购买原材料时，付款方式可选择货到付款（一次性付款），根据合同规定在折扣期付款的就会涉及现金折扣，如果采购其他货物如电脑、水费、电费，则没有现金折扣。

现金折扣的计算如下。

方法1：根据合同判断，看合同条款规定，可以享受折扣比率的，用销售合同上折扣后的金额（注意：这里是商业折扣后的金额）×现金折扣比率。

方法2：采购原材料增值税发票和运费增值税发票税后金额相加，减去付款凭证上实际支付金额。

（5）报账审核相关问题。

问题1：报账审核做错了能不能修改？

答：由资金管理/运营管理在"报账审核"模块（已处理）点击修改，如果该凭证已审核导致无法修改，则需要由财务总监角色在"财务共享中心"选择"会计核算">"总账系统">"凭证审核">"反审核"进行反审核，然后再由资金管理角色进行修改，修改后财务总监角色还要再次审核。

问题2：若报账审核领用单上有多个原材料，填写报账审核右侧数量是合计数还是单个原材料的数量？

答：由于系统生产产品的原材料配比都是1∶1，所以领料单上的数量都是一致的，故只需填写单个原材料的数量即可。

问题3：报账审核是不是要在月底统一处理？其中自动生成的分录为什么金额都是1？

答：报账审核由运营管理和资金管理两个人处理，但不能同时操作。企业运营过程中可由资金管理先进行处理，月底资金管理需要处理特殊业务的账务处理，此时可交由运营管理处理。这里需要参赛选手做一个转变，不同于以往单据齐全了再做账的方式，这里相当于把一个分录拆分成N个分录，并且要对业务单据本身进行判断。只要有单据就可以进行判断，并且系统自动生成分录，无需等待业务单据齐全，如果业务单据职业判断错误那么有可能导致取值变成1。

举个例子：采购原材料的银行进账单，首先这是银行单据，所以可以确定是收款类或付款类（可以通过付款方是否为本公司判断），如采购原材料的银行进账单是付款类，则继续操作。所以大赛是针对业务单据进行判断的，而非业务本身（此处容易选择采购类，采购原材料）。

4. 会计核算功能

（1）核算顺序。

1）固定资产折旧明细表—固定资产折旧记账凭证—凭证审核—凭证过账。

注：此环节1月份不做。

2）工资薪酬费用分配表—计提工资记账凭证—凭证审核—凭证过账。

3）制造费用分配表—制造费用分配记账凭证—凭证审核—凭证过账。

4）完工产品与月末在产品成本分配表—产品入库记账凭证—凭证审核—凭证过账。

5）完工产品与月末在产品成本分配表—产品出库的记账凭证—凭证审核—凭证过账。

（2）工资薪酬分配核算分配原则。

1）能够分清以某种产品为受益对象的职工薪酬费用可以直接计入该产品的直接人工费用，不需要进行分配；无法直接分清楚为生产哪种产品服务的生产人员薪酬，需经按照一定的分配标准进行分配后计入产品的直接人工成本。本平台可以人工工时为分配标准计算。

2）按照受益对象，将可以直接计入其他费用的工资薪酬直接计入其费用科目。生产线管理人员的工资薪酬计入制造费用，一般行政管理人员工资计入管理费用，销售人员工资计入销售费用，研发人员工资计入研发支出。

3）工资费用分配表单填制好后点击"保存"按钮，将作为计提工资凭证的原始单据在电算化界面出现，由财务总监在录入稽核原始单据凭证处录入。

注意：财务总监一定要在每一张记账凭证（固定资产折旧记账凭证、计提工资记账凭证、制造费用分配记账凭证、产品入库记账凭证、产品出库记账凭证）填完之后进行凭证审核、凭证过账。成本核算必须要按照这样的顺序，否则数据会出错。

财务总监如果已经审核过帐后发现记账凭证有错误，可以反审核后，资金管理角色重新编制记账凭证，财务总监再次审核，重新过账。

（3）制造费用分配原则。

1）制造费用分配表填写：例，假设本期归集到制造费用的费用要素金额为150837.39元，工时汇总表如图11-1所示。

工时汇总表

2015年10月31日

产品品种	机械工时/天	人工工时/天
吸尘器	19	3040
高档榨汁机	19	3420
洗碗机	19	3800
合计	57	10260

图11-1 工时汇总表

则制造费用分配表如图11-2所示，计算过程如下。

制造费用分配表

2015 年 10 月 31 日

分配标准	分配对象 （机械工时 / 天）	分配率 /（元 / 天）	分配金额 / 元
吸尘器	19	2646.27	50279.13
高档榨汁机	19	2646.27	50279.13
洗碗机	19	2646.27	50279.13
合计	57		150837.39

会计主管： 审核： 制表：

图 11-2 制造费用分配表

分配率 =150837.39/(19+19+19)=2646.27（元 / 天）

吸尘器分配金额 =19×2646.27=50279.13（元）

高档榨汁机分配金额 =19×2646.27=50279.13（元）

洗碗机分配金额 =19×2646.27=50279.13（元）

2）制造费用分配账务处理；会计分录涉及的一级科目及明细科目如下，只需根据实际业务的数据填写各科目金额即可。

借：生产成本—A 产品—制造费用

　　生产成本—B 产品—制造费用

　　生产成本—C 产品—制造费用

贷：制造费用—低值易耗品

　　　　—房屋租金

　　　　—生产用水

　　　　—生产用电

　　　　—工资

　　　　—劳保

　　　　—生产线租金

要把制造费用所有明细科目的金额从贷方都结转出来，结转后制造费用的期末余额为 0，制造费用明细的金额从制造费明细分类账（已过帐处查询）。

（4）完工产品与月末在产品成本分配。

1）成本管理：角色通过"财务共享中心" >"会计核算" >"成本核算"模块，计算填写完成完工产品与月末在产品成本分配表。通过要素费用和综合费用的分配，所发生的各项生产费用的分配，所发生的各项生产费用均已归集在"生产成本"账户及有关的产品成本明细账中。在有在产品的情况下，就需将产品成本明细账所归集的生产费用按一定的划分方法在完工产品和月末在产品之间进行划分，从而计算出完工产品成本和月末在产品成本。

2）完工产品产量：根据当月的产成品入库单数量填写完工产品产量。（系统界面会有提示）。

3）月末在产品产量：运营管角色在"信息管理"＞"业务信息"＞"生产信息"中查询，剩余天数不为 0 的就是在产品，找到对应的生产数量就是月末在产品产量。

4）月末在产品约当量：生产中原材料是一次性投入生产的，完工产品和在产品所耗费的原材料是相等的，在产品不需要约当，所以"直接材料"按照完工产品数量和在产品数量分配，而"制造费用"和"直接人工"需按照在产品约当产量和产成品数量进行分配。以此计算填写月末的约当产量，并计算完工产品成本和月末在产品成本。

单位成本＝（月初在产品成本＋本月生产费用）/（完工产品产量＋月末在产品约当量）

月末在产品成本＝单位成本×月末在产品约当量

完工产品成本＝单位成本×完工产品产量

5）产成品入库账务处理：会计分录涉及的一级科目及明细科目如下，只需根据实际业务的数据填写各科目金额即可。

借：库存商品—某产品

贷：生产成本—某产品—直接材料

　　生产成本—某产品—直接人工

　　生产成本—某产品—制造费用

6）产成品出库的账务处理：会计分录涉及的一级科目及明细科目如下，只需根据实际业务的数据填写各科目金额即可。

根据会计制度规定，采用月末一次加权平均法结转已销产品成本。

借：主营业务成本—某产品

贷：库存商品—某产品

5. 税务管理功能

税务管理由成本管理角色负责，税务管理分为"增值税及所得税申报"与"其他税费申报"，参赛选手可以依据自己的账务处理结果或相应的业务经营结果单据进行分析填列，纳税申报前可先查看申报指南，通常情况下次月 15 日之前进行上月的纳税申报。

（1）增值税纳税申报。

1）增值税申请表的构成。

- 《增值税纳税申报表（一般纳税人适用）》（要填制）。
- 《增值税纳税申报表附列资料（一）》（本期销售情况明细，要填制）。
- 《增值税纳税申报表附列资料（二）》（本期进项税额明细，要填制）。

- 《增值税纳税申报表附列资料（三）》（服务、不动产和无形资产扣除项目明细，不填，但是也要点击"确定"）。
- 《增值税纳税申报表附列资料（四）》（税额抵减情况表，不填制，但是也要点击"确定"）。
- 《增值税纳税申报表附列资料（五）》（附加税费情况，不填制，但是也要点击"确定"）。
- 《增值税减免税申报明细表》（不填制，但是也要点击"确定"）。

因比赛数据不涉及后四个表格，所以不填制，但是需要点击"确定"。前三个表格直接有勾稽关系，先填完《增值税纳税申报表附列资料（一）》和《增值税纳税申报表附列资料（二）》之后点击"确定"按钮，相关数据会自动勾稽到《增值税纳税申报表（一般纳税人适用）》中，但是《增值税纳税申报表（一般纳税人适用）》。

2）主表填制。

一般项目（本月数填制方法）。
- 按适用税率计税销售额（第1行）：从附表一自动取数。
- 其中应税货物销售额（第2行）：从附表一自动取数。
- 销项税额（第11行）：从附表一自动取数。
- 进项税额（第12行）：从附表二自动取数。
- 上期留底税额（第13行）：从上个月增值税纳税申报表主表第20行本月数取数，本期期末留底的税额与上期留底税额相等。
- 应抵扣税额合计（第17行）：进项税额+上期留底税额。
- 实际抵扣税额（第18行）：比较11行的销项税额和17行的应抵扣税额合计，如果销项税额大于应抵扣税额，说明销项税额可以抵扣全部进项，实际抵扣额就是本期应抵扣税额合计，填应抵扣税额数字。如果销项税额小于应抵扣税额，则说明销项税额不足以抵扣全部进项，只能按照销项税额数字抵扣，没有抵扣完的就留到下月继续抵扣，实际抵扣额就是本月的销项税额，填销项税额数字。
- 应纳税额（第19行）：销项税额－实际抵扣额。
- 期末留底税额（第20行）：应抵扣税额－实际抵扣额。
- 简易计税办法计算的应纳税额（第21行）：不涉及简易计税，金额填0。
- 按简易计税办法计算的纳税检查应补缴税额（第22行）：不涉及简易计税，金额填0。
- 应纳税额减征额（第23行）：不涉及应纳税额征额，金额填0。
- 应纳税额合计（第24行）：应纳税额+简易计税办法计算的应纳税额-应纳税额减征额。

一般项目（本年累计数填制方法）：本年累计数是每个月增值税纳税申报表数字相加。

(2)印花税。

1)购销合同：主要包括采购合同、销售合同，按照采购原材料和销售产成品合同上金额（在合同管理系统中查询数据，采购合同取折扣后的金额）计税价格。

2)财产租赁合同：主要是租赁房产和设备的合同，数据来源为合同管理系统，以一年的租金作为计税价格。

3)借款合同：在合同管理系统中查询借款合同的本金，以借款本金作为计税金额。

4)货物运输合同：根据会计制度规定，按照企业当期收到货物运输增值税发票上不含增值税金额作为计税金额（从增值税纳税申报系统的取得增值税发票清单处查询）。

5)权利许可证照：按照取得的房屋产权证、工商营业执照、商标注册证、专利证、土地使用证，每件5元计征，在信息管理处可以查看企业基本证照（开户许可证不属于应税证照）。

6)营业账簿：以实收资本＋资本公积总账金额相加为计税价格，下个月以新增的金额作为计税金额，已征税的部分下个月不需要再缴纳印花税。

7)产权转移书据：包括财产所有权和版权、商标专用权、专利权、专有技术使用权等转移书据和土地使用权转让合同、商品房销售合同等权利转移合同。本大赛平台没有涉及这类业务。

8)仓储保管合同：包括仓储和保管合同，本大赛平台涉及仓储合同的，根据会计制度规定，以企业当期收到仓储增值税发票上不含增值税金额作为计税价格（从增值税纳税申报系统的取得增值税发票清单6%税率处查询）。

9)加工承揽合同：主要包括加工、定作、修缮、修理、印刷广告、测绘、测试等合同，本大赛平台中涉及广告业务的，根据会计制度规定，以企业当期收到广告增值税发票上不含增值税金额作为计税价格。

(3)城建税和教育费附加计税金额。

1)城建税计税金额：查看增值税纳税申报回单，以实际缴纳的增值税＋实际缴纳消费税（企业无需缴纳消费税）作为计税金额。

2)教育费附加计税金额：查看增值税纳税申报回单，以实际缴纳的增值税＋实际缴纳消费税（企业无需缴纳消费税）作为计税金额。

(4)代扣代缴个人所得税。

个税及社保个人部分数据查询：资金角色在"财务共享中心"＞"原始单据查询"中输入关键词"工资汇总表"，查询个税金额。

参 考 文 献

[1] 于宝库. 高校工科学院创新创业工作探索：以中国国际"互联网+"大学生创新创业大赛为例[J]. 北京教育（德育），2022，(Z1)：112-115.

[2] 王梦琪，郭志慧. 双创背景下大学生创业问题及对策研究[J]. 中国市场，2022（22）：69-71.

[3] 吴占涛，李曼，杨灵芳，等. "互联网+"大学生创新创业大赛指引下大学生创新创业能力培养探究[J]. 高教学刊，2022，8（24）：47-49，53.

[4] 陈昊，明仲，肖志娇. 面向创新创业能力培养的实践教学改革[J]. 实验科学与技术，2014，12（2）：140-143.

[5] 张青敏，黄晓颖，吕宏岩. 高校创新创业教育课程体系建设与实践探索[J]. 创新创业理论研究与实践，2020，3（5）：63-65，75.

[6] 王洪才. 创新创业能力培养：作为高质量高等教育的核心内涵[J]. 江苏高教，2021（11）：21-27.

[7] 卢东祥，曹莹莹，于建江. 应用型本科院校大学生创新创业能力培养的路径探索[J]. 江苏高教，2021（7）：85-88.

[8] 韩健文，何美娜. 提升大学生创新创业能力的实践探索[J]. 学校党建与思想教育，2020（6）：69-71.

[9] 张小玉，张梅. 高校大学生创新创业能力培养策略研究[J]. 学校党建与思想教育，2019（21）：95-96.

[10] 岑余璐. 基于大学生创新创业能力的协同育人模式研究[J]. 吉首大学学报（社会科学版），2018，39（S1）：181-183.

[11] 韩立. 大学生创新创业能力现状及培养路径[J]. 中国高校科技，2017（Z1）：121-123.

[12] 韩立. 创新创业基础[M]. 武汉：华中科技大学出版社，2022.

[13] 曾琼芳，吴杨，戴旻. 创新创业基础[M]. 北京：航空工业出版社，2022.

[14] 庄文韬，李海艳. 创新创业教程：超越体验[M]. 厦门：厦门大学出版社，2022.

[15] 丁斌. 创新创业实战教程[M]. 北京：机械工业出版社，2021.